心一堂術數古籍珍本叢刊

書名：掌中寶鐵板神數（附鑰匙密碼表）

系列：心一堂術數古籍珍本叢刊 星命類 神數系列 第三輯 294

作者：舊題【宋】邵雍

主編、責任編輯：陳劍聰

心一堂術數古籍珍本叢刊編校小組：陳劍聰 素聞 鄒偉才 虛白盧主 丁鑫華

出版：心一堂有限公司

通訊地址：香港九龍旺角彌敦道六一〇號荷李活商業中心十八樓〇五一〇六室

深港讀者服務中心：中國深圳市羅湖區立新路六號羅湖商業大廈負一層〇〇八室

電話號碼：(852)9027-7110

網址：publish.sunyata.cc

電郵：sunyatabook@gmail.com

網店：http://book.sunyata.cc

淘寶店地址：https://sunyata.taobao.com

微店地址：https://weidian.com/s/1212826297

臉書：https://www.facebook.com/sunyatabook

讀者論壇：http://bbs.sunyata.cc/

版次：二零二二年五月初版

平裝

定價： 港幣 二百九十八元正
　　　 新台幣 一仟三百八十元正

國際書號：ISBN 978-988-8583-86-7

香港發行：香港聯合書刊物流有限公司

地址：香港新界荃灣德士古道二二〇一二四八號荃灣工業中心十六樓

電話號碼：(852)2150-2100

傳真號碼：(852)2407-3062

電郵：info@suplogistics.com.hk

網址：http://www.suplogistics.com.hk

台灣發行：秀威資訊科技股份有限公司

地址：台灣台北市內湖區瑞光路七十六巷六十五號一樓

電話號碼：+886-2-2796-3638

傳真號碼：+886-2-2796-1377

網絡書店：www.bodbooks.com.tw

台灣秀威書店讀者服務中心：

地址：台灣台北市中山區松江路二〇九號一樓

電話號碼：+886-2-2518-0207

傳真號碼：+886-2-2518-0778

網絡書店：http://www.govbooks.com.tw

中國大陸發行 零售：深圳心一堂文化傳播有限公司

深圳地址：深圳市羅湖區立新路六號羅湖商業大廈負一層〇〇八室

電話號碼：(86)0755-82224934

心一堂微店二維碼

心一堂淘寶店二維碼

心一堂術數古籍 珍本 整理 叢刊 總序

術數定義

術數，大概可謂以「推算（推演）、預測人（個人、群體、國家等）、事、物、自然現象、時間、空間方位等規律及氣數，並或通過種種『方術』，從而達致趨吉避凶或某種特定目的」之知識體系和方法。

術數類別

我國術數的內容類別，歷代不盡相同，例如《漢書‧藝文志》中載，漢代術數有六類：天文、曆譜、五行、蓍龜、雜占、形法。至清代《四庫全書》，術數類則有：數學、占候、相宅相墓、占卜、命書、相書、陰陽五行、雜技術等，其他如《後漢書‧方術部》、《藝文類聚‧方術部》、《太平御覽‧方術部》等，對於術數的分類，皆有差異。古代多把天文、曆譜、及部分數學均歸入術數類，而民間流行亦視傳統醫學作為術數的一環；此外，有些術數與宗教中的方術亦往往難以分開。現代民間則常將各種術數歸納為五大類別：命、卜、相、醫、山，通稱「五術」。

本叢刊在《四庫全書》的分類基礎上，將術數分為九大類別：占筮、星命、相術、堪輿、選擇、三式、讖諱、理數（陰陽五行）、雜術（其他）。而未收天文、曆譜、算術、宗教方術、醫學。

術數思想與發展——從術到學，乃至合道

我國術數是由上古的占星、卜筮、形法等術發展下來的。其中卜筮之術，是歷經夏商周三代而通過「龜卜、蓍筮」得出卜（筮）辭的一種預測（吉凶成敗）術，之後歸納並結集成書，此即現傳之《易

經》。經過春秋戰國至秦漢之際，受到當時諸子百家的影響、儒家的推崇，遂有《易傳》等的出現，原本是卜筮術書的《易經》，被提升及解讀成有包涵「天地之道（理）」之學。因此，《易‧繫辭傳》曰：「易與天地準，故能彌綸天地之道。」

漢代以後，易學中的陰陽學說，與五行、九宮、干支、氣運、災變、律曆、卦氣、讖緯、天人感應說等相結合，形成易學中象數系統。而其他原與《易經》本來沒有關係的術數，如占星、形法、選擇，亦漸漸以易理（象數學說）為依歸。《四庫全書‧易類小序》云：「術數之興，多在秦漢以後。要其旨，不出乎陰陽五行，生尅制化。實皆《易》之支派，傅以雜說耳。」至此，術數可謂已由「術」發展成「學」。

及至宋代，術數理論與理學中的河圖洛書、太極圖、邵雍先天之學及皇極經世等學說給合，通過術數以演繹理學中「天地中有一太極，萬物中各有一太極」（《朱子語類》）的思想。術數理論不單已發展至十分成熟，而且也從其學理中衍生一些新的方法或理論，如《梅花易數》、《河洛理數》等。

在傳統上，術數功能往往不止於僅作為趨吉避凶的方術，及「能彌綸天地之道」的學問，亦有其「修心養性」的功能，「與道合一」（修道）的內涵。《素問‧上古天真論》：「上古之人，其知道者，法於陰陽，和於術數。」數之意義，不單是外在的算數、歷數、氣數，而是與理學中同等的「道」、「理」--心性的功能，北宋理氣家邵雍對此多有發揮：「聖人之心，是亦數也」、「萬化萬事生乎心」、「心為太極」。《觀物外篇》：「先天之學，心法也。……蓋天地萬物之理，盡在其中矣，心一而不分，則能應萬物。」反過來說，宋代的術數理論，受到當時理學、佛道及宋易影響，認為心性本質上是等同天地之太極。天地萬物氣數規律，能通過內觀自心而有所感知，即是內心也已具備有術數的推演及預測、感知能力；相傳是邵雍所創之《梅花易數》，便是在這樣的背景下誕生。

《易‧文言傳》已有「積善之家，必有餘慶；積不善之家，必有餘殃」之說，至漢代流行的災變說及讖緯說，我國數千年來都認為天災，異常天象（自然現象），皆與一國或一地的施政者失德有關；下

至家族、個人之盛衰,也都與一族一人之德行修養有關。因此,我國術數中除了吉凶盛衰理數之外,人心的德行修養,也是趨吉避凶的一個關鍵因素。

術數與宗教、修道

在這種思想之下,我國術數不單只是附屬於巫術或宗教行為的方術,又往往是一種宗教的修煉手段——通過術數,以知陰陽,乃至合陰陽(道)。「其知道者,法於陰陽,和於術數。」例如,「奇門遁甲」術中,即分為「術奇門」與「法奇門」兩大類。「法奇門」中有大量道教中符籙、手印、存想、內煉的內容,是道教內丹外法的一種重要外法修煉體系。甚至在雷法一系的修煉上,亦大量應用了術數內容。此外,相術、堪輿術中也有修煉望氣(氣的形狀、顏色)的方法;堪輿家除了選擇陰陽宅之吉凶外,也有道教中選擇適合修道環境(法、財、侶、地中的地)的方法,以至通過堪輿術觀察天地山川陰陽之氣,亦成為領悟陰陽金丹大道的一途。

易學體系以外的術數與的少數民族的術數

我國術數中,也有不用或不全用易理作為其理論依據的,如揚雄的《太玄》、司馬光的《潛虛》。也有一些占卜法、雜術不屬於《易經》系統,不過對後世影響較少而已。

外來宗教及少數民族中也有不少雖受漢文化影響(如陰陽、五行、二十八宿等學說。)但仍自成系統的術數,如古代的西夏、突厥、吐魯番等占卜及星占術,藏族中有多種藏傳佛教占卜術、苯教占卜術、擇吉術、推命術、相術等;北方少數民族有薩滿教占卜術;不少少數民族如水族、白族、布朗族、佤族、彝族、苗族等,皆有占雞(卦)草卜、雞蛋卜等術,納西族的占星術、占卜術,彝族畢摩的推命術、占卜術……等等,都是屬於《易經》體系以外的術數。相對上,外國傳入的術數以及其理論,對我國術數影響更大。

曆法、推步術與外來術數的影響

我國的術數與曆法的關係非常緊密。早期的術數中，很多是利用星宿或星宿組合的位置（如某星在某州或某宮某度）付予某種吉凶意義，并據之以推演，例如歲星（木星）、月將（某月太陽所躔之宮次）等。不過，由於不同的古代曆法推步的誤差及歲差的問題，若干年後，其術數所用之星辰的位置，已與真實星辰的位置不一樣了；此如歲星（木星），早期的曆法及術數以十二年為一周期（以應地支），與木星真實周期十一點八六年，每幾十年便錯一宮。後來術家又設一「太歲」的假想星體來解決，是歲星運行的相反，週期亦剛好是十二年。而術數中的神煞，很多即是根據太歲的位置而定。又如六壬術中的「月將」，原是立春節氣後太陽躔娵訾之次而稱作「登明亥將」，至宋代，因歲差的關係，要到雨水節氣後太陽才躔娵訾之次，當時沈括提出了修正，但明清時六壬術中「月將」仍然沿用宋代沈括修正的起法沒有再修正。

由於以真實星象周期的推步術是非常繁複，而且古代星象推步術本身亦有不少誤差，大多數術數除依曆書保留了太陽（節氣）、太陰（月相）的簡單宮次計算外。唐宋以後，我國絕大部分術數都主要沿用這一系統，也出現了不少完全脫離真實星象的術數，如《子平術》、《紫微斗數》、《鐵版神數》等。後來就連一些利用真實星辰位置的術數，如《七政四餘術》及選擇法中的《天星選擇》，也已與假想星象及神煞混合而使用了。

隨着古代外國曆（推步）、術數的傳入，如唐代傳入的印度曆法及術數，元代傳入的回回曆等，其中我國占星術便吸收了印度占星術中羅睺星、計都星等而形成四餘星，又通過阿拉伯占星術而吸收了其中來自希臘、巴比倫占星術的黃道十二宮、四大（四元素）學說（地、水、火、風），並與我國傳統的二十八宿、五行說、神煞系統並存而形成《七政四餘術》。此外，一些術數中的北斗星名，不用我國傳統的星名：天樞、天璇、天璣、天權、玉衡、開陽、搖光，而是使用來自印度梵文所譯的：貪狼、巨

門、祿存、文曲、廉貞、武曲、破軍等，此明顯是受到唐代從印度傳入的曆法及占星術所影響。如星命術中的《紫微斗數》及堪輿術中的《撼龍經》等文獻中，其星皆用印度譯名。及至清初《時憲曆》，置閏之法則改用西法「定氣」。清代以後的術數，又作過不少的調整。

此外，我國相術中的面相術、手相術，唐宋之際受印度相術影響頗大，至民國初年，又通過翻譯歐西、日本的相術書籍而大量吸收歐西相術的內容，形成了現代我國坊間流行的新式相術。

陰陽學——術數在古代、官方管理及外國的影響

術數在古代社會中一直扮演着一個非常重要的角色，影響層面不單只是某一階層、某一職業、某一年齡的人，而是上自帝王，下至普通百姓，從出生到死亡，不論是生活上的小事如洗髮、出行等，大事如建房、入伙、出兵等，從個人、家族以至國家，從天文、氣象、地理到人事、軍事，從民俗、學術到宗教，都離不開術數的應用。我國最晚在唐代開始，已把以上術數之學，稱作陰陽（學），行術數者稱陰陽人。（敦煌文書、斯四三二七唐《師師漫語話》：「以下說陰陽人謾語話」，此說法後來傳入日本，今日本人稱行術數者為「陰陽師」）。一直到了清末，欽天監中負責陰陽術數的官員中，以及民間術數之士，仍名陰陽生。

古代政府的中欽天監（司天監），除了負責天文、曆法、輿地之外，亦精通其他如星占、選擇、堪輿等術數，除在皇室人員及朝庭中應用外，也定期頒行日書、修定術數，使民間對於天文、日曆用事吉凶及使用其他術數時，有所依從。

我國古代政府對官方及民間陰陽學及陰陽官員，從其內容、人員的選拔、培訓、認證、考核、律法監管等，都有制度。至明清兩代，其制度更為完善、嚴格。

宋代官學之中，課程中已有陰陽學及其考試的內容。（宋徽宗崇寧三年〔一一零四年〕崇寧算學令：「諸學生習……並曆算、三式、天文書。」「諸試……三式即射覆及預占三日陰陽風雨。天文即預

定一月或一季分野災祥，並以依經備草合問為通。」

金代司天臺，從民間「草澤人」（即民間習術數人士）考試選拔：「其試之制，以《宣明曆》試推步，及《婚書》、《地理新書》試合婚、安葬，並《易》筮法，六壬課、三命、五星之術。」（《金史》卷五十一·志第三十二·選舉一）

元代為進一步加強官方陰陽學對民間的影響、管理、控制及培育，除沿襲宋代、金代在司天監掌管陰陽學及中央的官學陰陽學課程之外，更在地方上增設陰陽學教授員，培育及管轄地方陰陽人。（《元史·選舉志一》：「世祖至元二十八年夏六月始置諸路陰陽學。」）地方上也設陰陽學教授員，培育及管轄地方陰陽人。（《元史·選舉志一》：「（元仁宗）延祐初，令陰陽人依儒醫例，於路、府、州設教授員，凡陰陽人皆管轄之，而上屬於太史焉。」）自此，民間的陰陽術士（陰陽人），被納入官方的管轄之下。

至明清兩代，陰陽學制度更為完善。中央欽天監掌管陰陽學，明代地方縣設陰陽學正術，各州設陰陽學典術，各縣設陰陽學訓術。陰陽人從地方陰陽學肄業或被選拔出來後，再送到欽天監考試。（《大明會典》卷二二三：「凡天下府州縣舉到陰陽人堪任正術等官者，俱從吏部送（欽天監），考中，送回選用；不中者發回原籍為民，原保官吏治罪。」）清代大致沿用明制，凡陰陽術數之流，悉歸中央欽天監及地方陰陽官員管理、培訓、認證。至今尚有「紹興府陰陽印」、「東光縣陰陽學記」等明代銅印，及某某縣某某之清代陰陽執照等傳世。

清代欽天監漏刻科對官員要求甚為嚴格。《大清會典》「國子監」規定：「凡算學之教，設肄業生。滿洲十有二人，蒙古、漢軍各六人，於各旗官學內考取。漢十有二人，於舉人、貢監生童內考取。附學生二十四人，由欽天監選送。教以天文演算法諸書，五年學業有成，舉人引見以欽天監博士用，貢監生童以天文生補用。」學生在官學肄業、貢監生肄業或考得舉人後，經過了五年對天文、算法、陰陽學的學習，其中精通陰陽術數者，會送往漏刻科。而在欽天監供職的官員，《大清會典則例》「欽天監」規定：「本監官生三年考核一次，術業精通者，保題升用。不及者，停其升轉，再加學習。如能黽

勉供職，即予開復。仍不及者，降職一等，再令學習三年，能習熟者，准予開復，仍不能者，黜退。」

《大清律例．一七八．術七．妄言禍福》：「凡陰陽術士，不許於大小文武官員之家妄言禍福，違者杖一百。其依經推算星命卜課，不在禁限。」大小文武官員延請的陰陽術士，自然是以欽天監漏刻科官員或地方陰陽官員為主。

官方陰陽學制度也影響鄰國如朝鮮、日本、越南等地，一直到了民國時期，鄰國仍然沿用着我國的多種術數。而我國的漢族術數，在古代甚至影響遍及西夏、突厥、吐蕃、阿拉伯、印度、東南亞諸國。

術數研究

術數在我國古代社會雖然影響深遠，「是傳統中國理念中的一門科學，從傳統的陰陽、五行、九宮、八卦、河圖、洛書等觀念作大自然的研究。……傳統中國的天文學、數學、煉丹術等，要到上世紀中葉始受世界學者肯定。可是，術數還未受到應得的注意。術數在傳統中國科技史、思想史、文化史、社會史，甚至軍事史都有一定的影響。……更進一步了解術數，我們將更能了解中國歷史的全貌。」（何丙郁《術數、天文與醫學中國科技史的新視野》，香港城市大學中國文化中心。）

可是術數至今一直不受正統學界所重視，加上術家藏秘自珍，又揚言天機不可洩漏，「（術數）乃吾國科學與哲學融貫而成一種學說，數千年來傳衍嬗變，或隱或現，全賴一二有心人為之繼續維繫，賴以不絕，其中確有學術上研究之價值，非徒癡人說夢，荒誕不經之謂也。其所以至今不能在科學中成立一種地位者，實有數因。蓋古代士大夫階級目醫卜星相為九流之學，多恥道之；而發明諸大師又故為恍迷離之辭，以待後人探索；間有一二賢者有所發明，亦秘莫如深，既恐洩天地之秘，復恐譏為旁門左道，始終不肯公開研究，成立一有系統說明之書籍，貽之後世。故居今日而欲研究此種學術，實一極困難之事。」（民國徐樂吾《子平真詮評註》，方重審序）

現存的術數古籍，除極少數是唐、宋、元的版本外，絕大多數是明、清兩代的版本。其內容也主要是明、清兩代流行的術數，唐宋或以前的術數及其書籍，大部分均已失傳，只能從史料記載、出土文獻、敦煌遺書中稍窺一鱗半爪。

術數版本

坊間術數古籍版本，大多是晚清書坊之翻刻本及民國書賈之重排本，其中豕亥魚魯，或任意增刪，往往文意全非，以至不能卒讀。現今不論是術數愛好者，還是民俗、史學、社會、文化、版本等學術研究者，要想得一常見術數書籍的善本、原版，已經非常困難，更遑論如稿本、鈔本、孤本等珍稀版本。

在文獻不足及缺乏善本的情況下，要想對術數的源流、理法、及其影響，作全面深入的研究，幾不可能。

有見及此，本叢刊編校小組經多年努力及多方協助，在海內外搜羅了二十世紀六十年代以前漢文為主的術數類善本、珍本、鈔本、孤本、稿本、批校本等數百種，精選出其中最佳版本，分別輯入兩個系列：

一、心一堂術數古籍珍本叢刊
二、心一堂術數古籍整理叢刊

前者以最新數碼（數位）技術清理、修復珍本原本的版面，更正明顯的錯訛，部分善本更以原色彩色精印，務求更勝原本。并以每百多種珍本、一百二十冊為一輯，分輯出版，以饗讀者。

後者延請、稿約有關專家、學者，以善本、珍本等作底本，參以其他版本，古籍進行審定、校勘、注釋，務求打造一最善版本，方便現代人閱讀、理解、研究等之用。

限於編校小組的水平，版本選擇及考證、文字修正、提要內容等方面，恐有疏漏及舛誤之處，懇請方家不吝指正。

心一堂術數古籍 珍本 叢刊編校小組

心一堂術數古籍 整理 叢刊編校小組

二零零九年七月序
二零一四年九月第三次修訂

氏毛　民毛中　　元牛　元其　元方流
氏　氏　角心牛　氏口斗　其午大

民斗　元角　元元　元元
氏角牛　其牛　　元牛

氏方　角毛　元毛妖
角牛　角方牛　心其鵬

方其　民斗　元元千
元　元牛　　毛毛裘

方毛　心門　元心
毛牛　角口斗　角

方其　方牛　元方
　　心牛

庚山钥　辛乙明　庚含　列
其○妣　其毛壯　心乜　益

辛庚　王戊　方王　多
牛牛辰壯　角牛妣　毛牛　吐

辛毛　王　王　癸庚　闲
牛合妣　牛牛辰壯　毛牛　止

癸合　王斗　癸丙
毛牛壯　牛其妣　其其妣

方　钥　辛癸
毛　壯　毛合壯

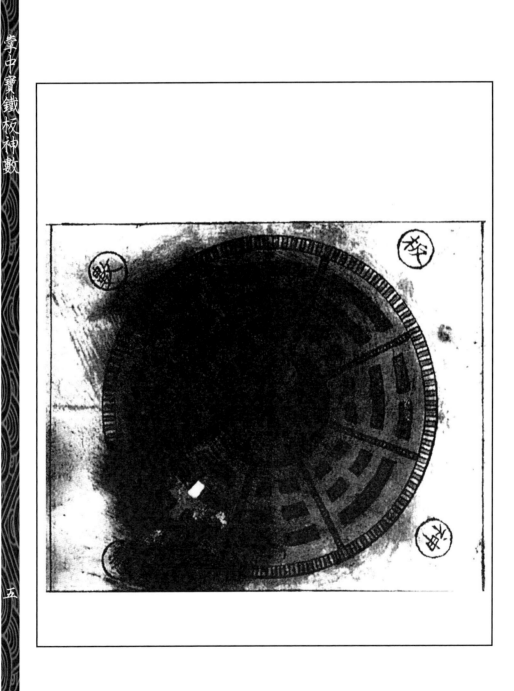

黑六甲定局

寅　卯辰
壬牛　戊牛
辛氏　辛牛　辛午
戊其　壬　癸其合
　　庚毛
癸方　辛午　未
　　　　　癸方

甲　酉
丁合　戌
癸氏　壬牛
庚方　斗牛
戊牛　庚氏
庚牛　亥
　　　　子　丑
戊牛　戊牛
庚毛　庚牛　庚牛
　　　辛毛　壬牛

半

氐方元牛 碰	氐牛角虛 雪	氐其方氐 翹	氐元方牛 薰刧	氐其元毛 駏	氐毛元毛 蔲
氐毛元斗 助煩	氐虛元方 鱠	氐其方其 齊	氐氐方毛 欬	氐牛元斗 烗	氐牛元心 眦尖
氐虛元氐 一什	氐虛元斗 搧	氐斗方心 全童	氐方元氐 顈	氐毛氐虛 权	氐氐氐心 軸

氐方氐虛 嶠	氐元元虛 咽	氐角角毛 彬	氐方方毛 欶	氐其氐其 开	氐心氐元 少
氐方氐方 寏	氐元元斗 神	氐心角虛 薰杉	氐毛方虛 鱼	氐牛氐其 梾	氐心元心 敝
氐毛氐氐 巴稅	氐方元虛 跳	氐毛角虛 瑚	氐毛方牛 膠	氐元方虛 鉦失	心毛元氐 逞

泰流

			心毛井角牛	氐丰卅牛	方方的心馬
			氐方氐牛十	氐元其牛十	方毛心牛十
			方方氐其全	心〇丰方木	元丰毛心全
			氐元毛心十	方丰心牛此欤	元方方心十
			角方金牛	氐元其斗十	心角虛方十
				心〇氐斗	心元氐牛十

靈車加盤度					神靈車加盤度
	心斗 角角	虛其 角氐	虛心 牛角	方毛〔甲〕氐毛	
	氐方 角角	毛氐 角元	角氐 其氐	角方 氐毛	
	角虛 角角	方毛 角元	其氐 角氐	牛斗 氐心	
	虛毛 角角	角牛 角元	心牛 角氐	斗其 氐心	
		牛方 角角	方氐〔子〕角氐	毛毛 氐心	
		斗毛 角角	角其 角氐	元心 氐心	

	靈加盤度				
虛毛 方元		斗元 方氐	元 方方	牛角 方方	牛 角虛　方
斗方 方角		斗其 方元	虛角 方方　卯	其 方方	其斗 角虛
毛毛 方元　丙		方毛 方元	其心 方氐	毛角 方方　壬	心其 角虛
毛毛 方角		氐虛 方元	毛毛 方氐　巳	心 方心	氐牛 角虛
方毛 方角　戊			方毛 方氐	方毛 方方　壬	其 角虛　角
元毛 方角			元毛 方氐　未	氐元 方方　子	虛毛 角虛　己

			靈墨加盤度		
虛角氏方	斗氏其元方寅	心其氏甲		方毛心元	其心方其心
氏牛氏斗	方氏其元	心角氏牛		心元角其	心方方其
氏氐其壬	氐角氐斗辰	心其元戌		心牛角其丙	角牛方其壬
氏氐方	其氏方牛	心元心斗		心其角	其羊方毛
氏氐角心	心虛角方午	心方		心角戌	氏其子心角
氏牛氏元其	心角其方	方心		方角羊心	元方心角

元角尩微其元	元斗角毛	元心角方	靜度過宮	牛心斗角 明曠破	元斗冒婁 元	元冒兩 元	霸卦剗度宮	心氐毛角中	心方氐角	心角元氐戌	心虛角方	心斗方虛	心毛虛虛
元角角元	元其元心	飛	元氐	角氐	元方 明曠	毛毛	心元其	虛元	心方虛
元牛虛	元心牛 隋	元斗氐牛 明日太伏	氐牛共	方牛 明月先卦	氐斗	方牛 虛角		心元毛 心虛
元其心夕陽虛	元氐心元	曹魁		氐斗		心斗毛 心氐

霋疢劃度	元斗角元	角斗角元 戌	角牛氐元 辰	支配攷分度	元虛氐元 唧
	元牛其氐 蓮陳	角牛其元 亥	角牛角元 巳		元虛心角 昌
	元其其角 蓮嬍		角牛牛斗 午		元虛角角 脣

元其其虛 郍			角斗其角 未	角牛角 魁	
元其氐氐 辰		角其其氐 鬱破	角斗毛牛 申	角牛其其 斗	
元其角元 巳		角其毛毛 枝拣	角斗氐元 酉	角牛心角 郍	

		髴卦分度			
角角 抹元 心元	角 振元 心毛元		元 育言 氐氐角	元 五 氐方角	元 午 虛其牛
角牛 申 方	角 巳 氐毛角			元 辰 元方虛	元 未 其毛元
角 坤 其方	角 把 元毛角			元 子 方其元	元 申 毛角角
角 酉 心方	角 午 其心氐	角 卯 心其虛		元 亥巳 牛氐牛	元 酉 牛心斗
元 搨 氐角角	角 把 心心角	角 挪 牛毛元		元 午 其氐方	元 戌 方心其
元 戌 牛斗元	角 未 氐心角	角 辰 其毛牛		元 育言 心氐元	元 亥 角心斗

地盤枝分度	氐斗 其角 亥	氐牛 斗角 巳	天盤枝分度		元氐 虛心 找
		毛心 氐牛 午			方虛 牛角 亥
		心元 氐牛 未			方虛 其元 找
氐斗 心角 寅		氐牛 氐角 申	方虛 心元 寅		方虛 其方 陵雁兩
心方 角元 邜		氐牛 角角 酉	方虛 氐元 邜		角毛 斗牛 搞
心氐 牛角 長		氐牛 牛角 戌	方虛 角元 長		方牛 元毛 哪姆

乾坤枝卦分度			躔分度宮		
	心虛角牛 亥	方角心方 巳		心心元其 亥	心氐其其 巳
	方牛氐牛 子	心角角牛 午			心氐心角 午
	方牛斗虛 丑	心虛牛午 未			心氐氐角 未
方氐牛角 寅	心其虛牛 申	心三元元 寅		心元氐毛 申	
方角牛元 卯	心心虛 酉	心斗角方 卯		心牛元牛 酉	
方牛斗 辰	心氐虛牛 戌	心毛角方 辰		心其其元 戌	

窒補宮度	手寅		更巳巨分度		巳
	心牛角	午寅 方心元		方氐毛角 亥	其元斗元
	其角 心丑寅角	未寅 方氐角心			方心斗元 午
		甲寅 方角角心			方牛角其 未
長卯 心角角		丙寅 心虛氐其	卯寅 方角角毛		方氐角其 甲
巳卯 心氐牛角		戌寅 心斗元心	長寅 方牛角心		方牛斗毛心 丙
午卯 心元方虛		亥寅 心角牛元	巳寅 方其其心		方心角毛 戊

陽分度	角方戌巳毛角	焉巳卦度	氐心西角元辰	是巳昌劍度	氐角未牛其半
	角角元其亥巳		角毛氐戌辰		氐氐方
角心杏午虛角		角元昏巳氐毛	方亥角午氐辰	氐巳昌氐元辰元	氐方兩卯方元
角元申午牛虛		角其未巳元虛		氐角午辰元角	氐角戌卯方元
角角酉午氐虛		角其甲巳角元		氐牛未角元辰角	氐心亥卯元角
角虛戌午角虛		角心西巳元角		氐其甲角元辰	

兌弦過星度	戌卦分度	圭卦分度	侯卦分度	氐其 斗牛 亥午 / 方角 斗虛 子午
	氐其角心 巳酉	氐心元毛 酉申	氐氐其元 巳未	
方氐 心元 雷卦	氐心 氐角 亥酉	氐毛 氐牛 戌申	氐其 角元 酉未	
方氐 角牛 虎卦由	方方 牛斗 子酉	氐毛 元元 亥申	氐毛 牛角 戌未	
方元 心牛 邪卦	方方 斗心 丑酉	氐心 心角 子申	方角 斗虛 亥未	

抽褒其 氏虛元	甫辰 氏元氏角	牧邨 氏氏方斗	申卯 元心牛角	戌寅 氏斗虛	辰寅 方方虛元
撕杅 氏斗角元	巳 氏虛氏虛	戎艸 氏元方元	酉卯 元氏牛心	亥寅 氏其虛	巳寅 方角元元
狱掀 氏毛角	午 氏斗元氏	未辰 氏虛方元	戌卯 元牛斗	卯辰 氏方虛毛	午寅 方牛角角
玫黔 氏方角元	其未 毛元	申辰 氏斗元氏	亥卯 元氏斗元	巳卯 氏角虛斗	未寅 方心氏角
	申 方元氏	丙辰 氏毛心氏	午辰 斗氏方氏	午卯 元牛牛元	申寅 方氏氏角
	酉弓 氏元元角	午巳 氏方氏元	巳辰 氏毛方元	未卯 元其未牛	酉寅 方角氏角

薇先天宫度		坎局挨定度		
氐毛氐 氐虛 午寅	元毛角 巳 牛	元方元 卯 斗元	虛氐 方方 酉	
方氐 氐虛 未寅	元方元 午 牛	元元角 辰 斗角	斗角 方氐 戌	
	元元角 未 牛	方方 巳 斗氐	毛角 方氐 亥	
氐元角 卯北寅	氐元 虛 寅 牛級	元虛 申 牛角	方毛元 午	
氐虛角 辰寅	氐虛 卯 元虛	元斗牛 西 角	方方角 未	
氐斗元 巳寅 虛	元斗牛 辰 元	元毛牛 寅 元	方元方 申	

氣變六甲局

坎礪虎宮数				
元毛元 / 元氐	毛角 / 毛氐	元方角 / 元心	毛角 / 元心	
元方元 / 元元	斗角 / 元方	元心 / 元其	毛虛 / 虛元	
元氐 / 元虛	毛角 / 元方	虛角 / 元心	毛虛 / 元方	
硫皮 元虛 / 元元		元氐 / 元虛	虛角 / 毛角（子）	元角 / 元毛（子）
卯寅 虛角 / 元元		氐元 / 虛氐	毛角 / 元氐	虛角 / 元毛
振寅 斗角 / 元角		斗其 / 元元	方角 / 毛氐	牛虛 / 元心

坍存度過宮	方角斗角	角毛牛角	坎標過宮度	方氐戌元虚亥	巳辰元毛角角
	炊 阴 巺癸	方心角牛			元角午巳方角
	角方斗方	元角角牛			未午元角元角
辰卯角元角斗	元斗牛斗 禾欠	虚角角牛	卯採元虚元角		申未元角虚角
巳卯角虚角斗		斗角角斗	長示元角虚虚		酉甲元斗虚元
午卯角斗角其		心牛角斗	巳示斗角角牛		戌酉元毛虚角

六

戌酉　方其　氏	丙未　方斗　心	未午　方牛　牛	午巳　毛牛虛　氏	午辰　元方氏　角	癸卯　角毛其
亥酉　方其　角	戌未　方斗　氏	申午　方毛虛	癸巳　毛角　氏角	未辰　元元氏　氏	申卯　元方　角
亥戌　方毛　牛角	亥未　方斗　角	酉午　方牛　氏心	申巳　毛角　氏元	甲辰　毛虛　角方	酉卯　元元　角
辰寅　方毛　其角	酉申　方其　牛方	戌午　方牛心　角	丙巳　毛角　心氏	酉辰　毛氏方　虛	戌卯　元方　虛角
巳寅　方毛　心方	戌申　方其　角	亥午　方斗牛　牛	戌巳　毛角　其氏	戌辰　毛心虛　氏	亥卯　元氏　斗角
午寅　方毛　氏方	亥申　方心　其角	申未　方斗心　其	亥巳　毛角　斗毛	亥辰　毛其虛　方	巳辰　元氏　毛角

二四

坎卦九宮總論

					未寅
角氐毛方 欷	元氐斗心 嫒掭	元心牛方 損姫	氐牛虛牛 北坎		方角毛方
角毛斗 媚傷	心覃角 其角 坎	元氐牛 覽蛋	氐心虛其 欷		方牛心 申寅
角心牛其 鬭坎	氐角其角 凹吐	元角牛氐 前坎	氐氐虛氐 坎線		方其方 西寅

角其心牛 欷	角角其角 㮤坎	元牛斗方 覽邪	氐角虛氐 晟煦	方角毛心 筬欷	方心方 戌寅
角心方 鍊	角牛毛心 倚㰸	元其斗元 秋	元牛心 坎覽	心角虛方 㩅	方氐方 亥寅
角氐心方 㥯	角心毛心 北坎	元心斗其 歌	元其心 坎覽	氐其虛牛 扴欷	

二五

游外卦定局

心牛亥寅 心虚	心角巳寅 元角		心角隴 氐角	心牛巳坎 氐方寅北	角角營坎 心毛
心辰由 其心 心虚	心午寅 牛角		心斗坎 牛毛 元毛	心其微坎 氐角寅北	角坎車 牛心 方心
心巳卯 其虚 心虚	心未寅 其角		心其 元毛	心心批坎 氐毛寅北	角斗坎 其方 方方
心氐午卯 虚心	心心申寅 角牛	心其曲由 元毛			角心寅坎 方方寅北
心角未卯 方心	心方酉寅 角其	心心卯寅 元心			角氐卯坎 方元寅北
方牛申卯 方氐	心戌寅 角心 角	心方辰寅 元虚			角角辰坎 方氐寅北

氐心元方 ^{亥戌}	氐其氐氐 ^{亥未}	方元角虛 ^{西午}	方氐元其 ^{申巳}	方心氐心 ^{申辰}	其毛方方 ^{西卯}
	氐心氐毛 ^{西申}	氐其方元 ^{戌午}	方角元心 ^{西巳}	方氐氐氐 ^{西辰}	方毛方其 ^{戌卯}
	氐氐氐牛 ^{戌申}	氐心方氐 ^{亥午}	方牛角心 ^{戌巳}	方角氐其 ^{戌辰}	方氐毛方 ^{亥卯}
	氐角氐角 ^{亥甲}	氐方方斗 ^{申未}	方其角其 ^{亥巳}	方虛氐虛 ^{亥辰}	方元方虛 ^{巳辰}
	氐角氐虛 ^{戌酉}	氐角方心 ^{西未}	方心角牛 ^{未午}	方其元斗 ^{午巳}	方牛氐方 ^{午辰}
	氐其氐元其 ^{亥酉}	氐牛氐氐元 ^{戌未}	方氐角心 ^{申午}	方心元氐 ^{未巳}	方斗氐虛 ^{未辰}

木宮分度				坎金宮分度
氐其 八 心方	氐牛 五 毛方	氐角 三 角	氐氐 一 毛	
氐心 心方	氐其 五 毛心	氐盧 二 斗	氐元 一 毛	
方盧 氐牛 一	氐心 六 毛心	氐其 三 牛	氐牛 二 毛	

木宮分度				坎金宮分度
方盧 角斗 一	氐心 角斗 九	氐氐 六 毛氐	氐心 三 其其	氐其 二 角心
角牛 氐方 二	方牛 虛氐 十	氐元 七 毛盧	氐其 四 氐心	氐心 正 角毛
角斗 氐氐 二	方心 虛心 十一	氐牛 七 心方	氐角 四 其方	氐氐 正 角角

元毛 心虛 三	元 心其其 二	角 元虛角 十	角角 方角 七	角 毛元角 四	角氐 心氐 正
元毛 氐斗 三	元 氐心其 二	元斗 角心 十	角角 元角 七	角 方元角 四	角氐 方毛 正
元毛 角心 四	元其 角心 正	水宮	角角 虛角 八	角 元元角 五	角氐 角方 二
元心 牛氐 四	元毛 牛氐 正	分度	角虛 斗氐 八	角 虛方元 五	角 元氐角 二
元心 其氐 五	元毛 斗虛 二	元 牛其牛 一	角虛 毛角 九	角角 斗角 六	角氐 虛角 三
元心 心方 五	元毛 心氐 二	元其 其方 一	角虛 方角 九	角角 毛角 六	角元 斗角 三

角氏牛毛 八	元心虛方 五	元其角心 二	元氐氏心 一	元角方其 九	元氏心斗 六
角角牛方 八	元氐虛心 五	元心角毛 二	元角氐心 一	元牛氐氐 九	元角心氐 六
角虛牛虛 九	元角虛斗 六	元氐角方 三	元牛元氐 二	元其氐牛 十	元牛方斗 七
角其斗心 九	角牛牛心 六	元角角心 三	元其元牛 二	元心氐心 十	元其方心 七
角毛斗角 十	角其牛牛 七	元牛虛牛 四	元心元氐 正	大宮	元心方其 八
角氐斗牛 十	角心牛心 七	元其虛斗 四	元虛元虛 正	分度	元氐方方 八

					壹分度
其氐 角虚 二	心毛 角角 十	角氐 角牛 七	氐氐 斗角 四	心牛 氐牛 正	
心方 角虚 二	氐牛 角角 十	牛方 角元 七	氐角 斗其 四	氐方 氐牛 正	
氐方 角虚 正	陽宮	其元 角氐 八	角虚 氐斗 五	角牛 氐牛 二	斗毛 角 一

	分度				
角牛 角虚 正		氐元 角元 八	牛方 氐牛 五	牛其 氐斗 二	牛心 角其 一
角其 心虚 二	角其 角角 一	角其 角元 九	毛毛 角氐 六	斗其 氐其 三	其心 角其 二
牛元 氐虚 二	牛牛 角虚 一	其牛 角角 九	氐氐 角氐 六	毛方 氐斗 三	其角 氐牛 二

角 其心心 五	角 虛毛斗 二	角 虛其氏 一	方 心牛心 九	心 其氏心 六	角 心心 三
角 毛心方 五	方 心方氏 二	心 毛氏毛 一	方 牛斗 九	角 氏其方 六	心 角斗方 三
方 方氏斗 六	方 角心方 三	角 其毛其 二	方 角牛其 十	氏 斗虛方 七	方 牛心方 四

方 元民斗 六	方 虛方毛 三	角 毛毛氏 二	角 元其斗 十	氏 毛心虛 七	氏 牛方心 四
方 虛民其 七	方 斗氏斗 乂	角 方斗毛 正	閏	心 虛虛斗 八	方 其方元 五
方 其元氏 七	方 毛氏方 乂	角 角毛氏 正	分度	方 其 八	心 牛心氏 五

方毛氐斗 十	心元虛角 七	心氐角心 四	心毛元斗 正	畫宮度	方毛元方 八
方斗氐氐 10	方斗角 7	心元角元 乂	心氐元毛 正		方方元 八
營	方元方角 八	心虛角毛 五	心元虛毛 二	心氐牛氐 一	方元九
分度	方虛心角 8	心斗虛 ゟ	心虛元毛 二	心角其氐 一	方元虛 九
方元斗角 一	方牛心斗 九	心毛虛毛 六	心斗角毛 三	心牛元角 二	方牛角虛 十
方元虛斗 一	方斗虛 9	心方虛方 6	心毛角毛 三	心斗元角 二	方毛方角 十

氐虛元角 三	氐虛氐毛 二	氐氐方 九	方心方 六	方毛毛方 三	方其其牛 二
氐斗角毛 三	氐元氐方 二	氐元方心 九	方心元方 六	方方毛其 三	方毛其方 二
氐毛角方 乂	氐斗元心 正	氐虛方方 十	方虛心心 七	方元毛斗 乂	方其方 正
氐方角心 乂	氐毛元角 正	氐斗氐 十	氐虛角方 七	方牛心牛 乂	方其元方 正
氐元角方 五	氐方元角 川	氐毛毛斗 亥宮	氐心方其 八	方斗心毛 五	方其虛斗 二
氐方虛角 五	氐元元方 二	氐方氐斗 一	氐斗方斗 八	方毛心斗 五	方斗毛其 二

角虛斗元 局士	蹁月分度	角方虛方 灶抖	坎卦定度	元虛牛方 九	氐元虛斗 六	
角斗角 赸		角元虛其 埌		元斗牛心 九	氐虛斗 六	
角毛角 離斗	角斗元 卵朋	角虛斗虛 坎耖	元元斗方	元毛斗虛 十	元斗牛角 七	
角方斗角 朋	角毛元心 朏卵	角方氐角 抈柚	角虛方角 娴阳	元方斗虛 十	元毛牛方 七	
角角氐 明	角方元方 吓卵	角元氐斗 斉圭	角斗虛角 娴		元方牛斗 八	
角虛斗角 駧	角元元斗 塱	角牛元斗 抈胡	角毛虛方 阳阴		元元牛斗 八	

遷度薰宮

角毛黑 角方政	氏氏騍 牛牛		氏亢朗 斗斗同比	方牛翻 虛毛魁	角斗朔 虛虛		
角其 角心鄉	氏方批 牛斗		氏氏開明 斗斗夜魁	方其胡 虛毛魁	角心明 虛牛		
角牛想 角牛稿	氏心斟批 牛方		氏心開朋 斗其夜魁	方心嗣明 虛牛夜陰	角氏嗣 虛斗魁		

角方黑 元斗戟	方虛薰 角牛角	氏斗薰 斗方	氏氏辟 元氏土	方氏胡 虛方魁	角虛禁 虛方離		
角心翹 元元橋	角角史 虛心緺	氏虛黑 牛斗票		氏虛願 斗心同比	氏方塑 虛斗夕臍		
角斗鄉 元方鍋	角毛隴 虛斗	氏元氣 牛牛稷		氏角駟明 斗氏尚比	方斗朔如 虛斗旬		

摛化叠度宮	角元巳 毛氏 角巳馬 氏牛 心其巳 氏毛	龍眠卦 劃度	角心黑 方毛 角毛斗 方 角其摛 方牛	角虛睌 方牛焗 角角攢 方斗水 角氏臨 方斗盤	角毛嚮 氏角楬 角氏嚮 氏其楬 角其嚮 氏牛焗
角虛竉 其方郯		角元咐 心斗馬	角斗氣 方其	角方焰 方斗毽	氏斗碟 牛心
角虛孵 其斗辰		角氏長 心牛	角虛畊 心毛示	角氏兗 方方薰	角牛暭 氏其楬
角氏句 其斗黑		角心辰 心牛馬	心方虛 方氏虛仝	角毛暈 方方胃陽	角斗兇 氏斗薰

			撰化叠度宮		
元心虛牛 柳朔巽 己	角牛牛 嗽	角艄牛 氣		角心斗毛 黑	角方其心 長昆
元毛虛方 鱖	元元虛方 鱢	角氐牛斗 瞞		角斗斗方 鱢	角毛其方 羿未
元毛虛斗 嗽黑	元元虛斗 顯 用	角毛牛方 折顯		角斗斗斗 曙覽	艄斗其 鄉
元其虛角 用扁	元氐虛牛 顯丹	方牛其氐 巳细	角牛方 撰		角其其牛 籣
元角角牛 邇日	氐角毛心 嗽	角毛斗 嗽	角元牛方 細氣		角虛方斗 長黑
元毛斗氐 黑柵	元方虛其 顯平	角斗方牛 鰊	角元牛斗 嗽		角氐斗心 黑曙

		氣翻改七政卦			
元元 震 方方	元方 張 氏心		元牛 㷉 角心 圭	元其 黑 斗心 虹	元元 生紅 角斗
元元 益 方斗	元毛 寅 氏其		元方 盱 元其 坎	元斗 釀 角斗 馭	元氏 陜井 角牛
元方 兆 方其	元斗 蝌 氏斗		元毛 燹 元斗 醫	元虛 黜 元方 斻	元角 咒葦 方其
元牛 甲 方氏	元虛 埃 方方	元虛 皮 氏其 線	元斗 日舊 元氏	元虛 撲 元斗 欰	元毛 篆 角方 撲
元氏 扁 心氏	元靈 丙 方斗	元角 芇 氏角	角方 元毛 照	元角 胃 元心 醫	元毛 撲 角斗 祅
元心 巽 心牛	元角 夂 方氏	元元 蔌 氏斗		元氏 㟁 元斗 氣黑	元其 撲 角牟 欰

</>

			黑翻卦七政卦		元毛心斗（豇）
元斗其氐（襄）	元虛其毛（綠）	元氐毛氐（坎）			元毛心方（少）
元虛斗（盍）	元元其其（張）	元方方毛（頡）			方虛心元（獃）
元斗元虛（甲）	元方其方（斷）	元毛毛氐（兆）			
元元斗斗（豇）	元方其斗（丙）	元其毛心（癸）	元斗心虛（卦）		
元毛牛斗（少）	元毛其毛（又）	元斗毛方（皮線）	元虛斗毛（涼示）		
元心牛牛（巽）	元其其牛（寅）	元斗斗毛（出）	元元毛心（驛）		

氐牛其其　丙	氐其牛其　狱	氐其虛毛　癸	元氐牛其　張	乾翻政七政卦	元毛牛氐　扁
氐其其心　癸	氐斗牛牛　兆	氐牛牛方　新	氐虛虛虛　鵝		方方氐方心　猷
氐毛其足　少	氐毛牛其　巽	方毛虛其　試	氐毛虛角　寅		二

氐斗毛斗	氐角牛氐　扁	方方虛元　皿	氐角虛其　張	元其斗毛　線	
	氐牛斗心　甲	方元虛其　缸	氐氐虛毛　水	元牛斗牛　世	
	氐斗斗虛　震	氐牛牛牛　益	氐心虛方　絹	元虛牛斗　琛	

				坤番改七政卦	
元心法元夘眾	氐毛心 震	氐元心斗 益	角毛氐 虛 此		
	氐其心 尖	氐氐心牛 縱	氐斗其方 胃		
	氐虛毛虛 丙	方心方 兆	氐心其方 癸		
	氐角毛毛 坎	氐方心斗 巽	氐虛心方 新	心角氐斗 祭	
	氐元毛牛 前月躱	氐毛心方 扁	氐虛心斗 訣	氐心牛毛 外	
	方元斗牛 皮泉	氐心牛 甲	氐角心氐 石	角毛元虛 張	

外翻改七政卦	方心其牛 巳	方斗元斗 巽	方牛廛方 靳	氐毛毛毛 張	內翻改七政卦
		方氐牛 扁	方廛斗牛 猷	氐元其氐 蟻	
		方心斗牛 甲	才斗方斗 矼	方毛牛斗 寅	
方氐其卜 皮線		方角斗牛 震	方牛毛毛 盂	方牛心 卟	氐氐其毛 縣
方斗其 篠		方斗其牛 尖	方角其斗 狀	方斗元牛 骨	氐方斗毛 篠
方其牛毛 勞		方廛斗牛 丙	方元斗其 北	方元牛氐 癸	氐斗心氐 井

四三

心其角心 張	震翻七政卦	心心元角 巳	心心氐牛 巽	方心心牛 新	方心毛牛 張
心心角心 綠			心氐氐毛 扁	方方心斗 獄	方毛毛斗 綠
心方角元 寅			心方氐氐 甲	方氐心牛 缸	方氐毛牛 寅
心角角角 又	心方元角 皮其線		心元氐斗 震	方角牛方 益	方角毛牛 又
心牛虛角 殯	心角元心 深		心虛氐牛 丑	心虛元方 揪	方虛毛其 殯
心其虛角 癸	心牛角角 出		心其元牛 丙	心斗氐斗 兆	方其心心 癸

角斗毛角 兆	角其斗氐 又	總論翻卦七政卦	角斗牛斗 巳	元元元元 狱	心斗心虛 新
角毛其斗 扁	角毛毛心 張		角其牛氐	元心角元 扁	心虛氐氐 狀
角角其毛 巽	角方斗斗 斜甲			元牛虛角 甲	元虛氐虛 亙
角牛毛牛 皮線	角元斗氐 益	角心牛氐 丙		元斗虛心 震	元其元角 益
角斗毛方 尐	角虛斗斗 甲	角方牛斗 癸		元角虛氐 尐	元心元心 兆
角虛方毛 狱	角牛其牛 震	角牛斗心 寅		元虛虛毛 丙	元氐元氐 巽

黑泰 咎	氣泰 咎	坤泰 咎	乾泰 咎	牛心 角氐 差咎	虛氐 角方 巳
氐牛 虛虛	元毛 斗心	方氐 氐毛	方方 角虛 金	方角 角心 魁	角元 角毛 方
氐毛 虛斗	元氐 牛氐	方牛 元心	方虛 虛氐	方元 角斗 魁龥	角元 方方 咎
氐元 虛虛	元廿 牛芳	方牛 氐牛	方角 虛氐	元元 牛斗 兀虹	角斗 方氐 咎
元心 牛心	元斗 牛方	方元 方毛	氐牛 牛元		角牛 方氐 咎
元方 牛方	氐牛 虛毛	方心 方其	氐毛 牛斗 其		角元 心虛 心 咎信同

方虚斗元	連咎分度	牛角 西 虚角	氏 卯 角元心	蓰 咎盤分度	咎 震泰
方其氏角		虚戌 虚元	角辰 角元方		角毛元牛
方角牛元		角亥 元虚氏	牛巳 角元毛角		方心氏斗

方元元斗	方心角甲	元斗氏心 驊驎	角毛虚午角	角虚元子 氏	其心氏
方氏元元	方毛斗角	氏虚斗角 恕咎	角氏元未角	角其氏牛元 丑	心心氏
方方元斗	方牛角元		角元氏申角	角心牛元 寅	角角氏元

氐氐 氐角 辰卯 寅	氐牛 角方 亥申酉	遷咎交界度	氐角 牛角 亥	方氐 其方	方心 元心 子
氐氐 元斗 娍卯辰 長	氐元 角氐 誠卯			方元 氐虛	方毛 斗元
氐氐 氐氐 辰巳	氐氐 元角 卯卯寅卯			方方 方虛	方斗 元氐
氐斗 氐虛 辰未	氐心 元牛 卯巳	氐氐 角心 亥寅卯		方方 方其	方角 氐方
氐牛 氐牛 辰申酉	氐其 元方 卯卯未	氐毛 毛斗 亥辰巳		方斗 方牛	方心 氐其
氐虛 方斗 娍巳	氐牛 元角 卯申酉	氐斗 角虛 亥午未		氐元 角斗	方毛 氐斗

大宮秋劃度					
	元元心虛 戌代	元元心氐 酉廟午	元牛氐元 未屺	角方心斗 午屺	氐角方其 巳鄉卯
	元牛心牛 午代	元方心氐 酥戌	元氐方牛 未袜	角毛心斗 午袜	氐方方角 巳屺
	元元毛虛 戌尅卩		元心方元 未帕	角斗心方 午帕	氐毛方心 巳袜
元方斗毛 手			元其方虛 栽申	元氐氐其 幟未	氐斗方虛 巳帕
氐斗虛斗 羅			元其方毛 申廟卯	元心氐牛 未寅卯	氐牛方角 哦午
氐氐斗方 紀秋			元虛心元 咋面	元其氐元 未屺	角方心方 午寅卯

氐心方方 癸	角方角方 縣烁	角其虚毛 鴇遝遴珱	角其牛心 乾坤	氐心斗氐 菜
氐牛其方 圛	氐虚元元 秋	元角斗元 欨碍	元心心虚 軍	心元虚方 觊
方氐斗方 撰柳隙	元兀牛氐 欠前	方角其氐 麻	角虚虚心 怡	心氐虚角 爭

角斗角方 抒	方其方心 圖		方氐其心 圛	角角虚元 崇祈壽	氐虚毛氐 眣
角牛角元 祸	角牛坐牛 聩		角牛虚心 暀	角方虚其 倏	方虚心斗 敃
角虚元元 祸	角心氐虚 聰卅		角元角元 圐	角心心氐虚 皒	方角斗氐 乾坤

	六斷卦總論				
方其毛氐 知		方盧毛方 桿抴比	方元心其 啟	角方氐方 驛	角氐元牛 蜒昏
氐牛毛牛 禎		方角毛心 筆字	方氐心心 坍	角心氐其 詭	角毛元斗 柳昏
氐角其心 鐘		方元毛方 筆字	方心心心 犯送	角毛氐其 鳶	角元其其 趏土

方其毛毛 颯	方方毛氐 棋	方氐毛心 筆廾	方毛心方 睿螯	角牛氐元 捉土	角盧氐毛 姵邙
心牛元方 嗣也	方方毛斗 野		方牛心虛 晪兒	角盧盧其 齟	角角氐心 縼
心元虛其 麻	方心毛心 海		方牛心心 桿抴摢	方角心牛 旋邙	角元氐方 縼魍

乾卦六斷分度

			乾卦六斷分度	角氏角心翀	方斗毛氏巽
方牛心氏颷	方方其氏巽	元方方氏知			角心心虚鋼
方斗心氏幷	方角其方鋼	元斗氏元禑			角斗方虚神
	方元其氏神	元其氏氏鍾			
	方斗毛方	元毛元元颷	元虚斗元稘		角斗角角
	方心毛氏豫	元心元元颹	元方其氏跊		角元心角豫
	方虚毛元翔	元角元元鶫	元元其方斷		角元斗角翔

坤卦六斷分度 申	元牛元方 捐	氐角其毛 神	離卦六斷分度	方其方角 彌	方心毛毛 鋼
	氐虛其心 順	角心斗		方斗角氐 颯	方氐其毛 神
	氐心其角 毗	角角牛毛 翔		方毛方氐 麐	方方其心 斷

元其毛氐 跱	氐其毛方 麟	角氐心 烔	方氐角方 跱	方心方方 烔也	方虛心斗 翔
元心毛方	氐心斗方 巽	角其牛毛 幷	方方角心	元斗氐其 鐘	方虛牛心 烔
元毛方心 知	氐氐牛心 鋼		方心虛毛 知	角牛牛毛 巽	方牛斗毛 幷

艮卦六斷分度			震卦六斷分度		
氐其心毛 禍	氐心牛 天申		元方斗 禍	氐斗虛氐	
氐元毛氐 佩	元其元毛		元其方 佩	氐虛心 鋼	
氐斗其毛 也	元毛毛元 粗		氐角方 肥	氐其元角 天申	
元元牛方 煉	氐氐心斗	元角其方 姐	元角方方 野	元元角角 煉	氐斗元毛 姐
元角元方	元其斗虛 巽	元毛心其 开	元元方氐	氐虛其角 巽	氐毛牛毛 姐
氐心毛	元元牛氐 鋼		元方氐心 知	氐牛虛心	元斗方心 开

外卦六斷分度	元斗角心	元其牛角　鋼	元角牛方　颿	內卦六斷分度	元角斗方　鈡
		元牛牛方　天申	元元牛方　舭		元斗方　咸
		元氐心方　翔	元氐牛元　廉		
元其角毛　野		元方心元　耻	元方牛心	元元斗心　野	
方虛其心		元方氐方　并	元虛牛心　預	元氐斗方	
方角斗方　知		元元元氐　鈡	元心牛氐	元牛毛斗　矩	

	方心氏學		方角方 威	方角氏毛 鋼	方斗方方 永川
元氏氏虛 企	方心其心	**總論什度宮**		方元氏心 天申	方牛方方
氏角角氏 學	方毛其毛 歲			方毛角心 翔	方靈心方 周
氏角氏牛 肇	方毛其斗 巾				
氏其角其 短	方其其方 瓠	角元元方 禺		方心角毛 輝	方氐方方 唐
氏牛角斗 巴	氏斗元元 觶	方毛牛牛 魁		方其虛心 并	方氐氏方 異
氏方元心 婁	氏牛氏氐 帀	方虛其方 庭		方斗虛元 鐘	方方氐心 出

					戊巳宮分度
角角方毛 効皴	角牛方其 框	角牛心心 兆區	角心毛其 駝紋	角毛毛心 不積	
角元方元 井獻	角元心方 劫笸	角靈毛方 羊	角其毛心 卧也	角毛毛斗 蜊蹠	
角毛方虛 臟	角氐心毛 噴火	角角毛毛 蹋	角斗毛毛 年	角元其方 長悅	
角其方心 婧碬	角心心毛 抚甄	角元毛其 眾	角牛毛其 卧情	角方其斗 斛	氐斗氐氐 戊
角角心虛 蔻	角斗心其 跣歹	角氐毛心 距	角元其虛 卧綠 井線	角心其斗 鞍	氐斗氐其
角虛虛心 猷	角虛毛虛 臁文許	角方毛方 餅	角毛毛虛 齒嫩	方角角斗 鍵	氐牛方氐 遊

方元氐方	方虛氐斗	方心元其	卦分度	角方斗牛	方氐角其
方方氐虛	方虛氐角	方斗元毛		角毛元牛	方方氐角
方方氐		方其元其		角方斗	方斗毛氐角
方毛氐虛		方斗元斗	方牛角氐	元斗氐斗	方斗氐角
方其氐其		方牛元斗	方方元虛	氐毛氐牛	方其角斗
方斗氐方		方虛氐心	方氐元氐	方氐牛	方牛角氐

心虛氐心 圭 敫	心角元虛 継 翃	心角角氐 刘仉 阼	心心虛氐 娃	方毛方牛 項	方牛氐心 石 峛
心角氐氐 髭	心元元其 躁	心元角心 火 槊	心毛虛元 娃	方毛方心 仓斗	方虛方其 禾 焦
心元氐氐 標	心毛元虛 複	心方角毛 凶 昭	心其虛氐 相	方斗方虛 加 隹	方角方斗 娃

心心氐心 藤	心其元元 廿 馳	心其角虛 水廿 烊	心牛虛虛 翰	方斗方毛 硅	方方方方 戙
心毛氐其 陔	心斗元氐 崂	心斗角其 丙 魁	心角角虛 圭 民	方虛心虛 圭 綵	方毛方虛 槭
心斗氐虛 制 又	心虛氐元 廿 蒼	心牛角氐 仝	心牛虛氐 國	心方虛角 圭 列	

氐元 其斗	氐毛 毛虛	氐牛 心元	氐氐 心毛	心斗 氐方
氐方 其虛	氐心 毛氐	氐角 毛元	氐心 心心	心虛 方
氐氐 其毛	氐毛 毛斗	氐元 毛角	氐其 心心	心虛 方其
	氐斗 毛虛	氐元 毛毛	氐斗 心心	心角 方氐
	氐斗 毛方	氐方 毛虛	氐斗 心斗	氐角 心其
	氐元 其心	氐方 毛方	氐牛 心毛	氐元 心其

元毛斗斗	陣卦分度	元其巳甲 元毛牛	元牛長午 氐心	氐毛其心 賤	窪煙分度
元牛心戌			元斗巳斗	氐斗其虛 燊	
元元牛虛			元角巳午 方午	氐斗其角 烱灺	

元元其庚 牛	元斗甲 斗虛		元牛辰酉 方其	氐牛邠卦 其氐	氐方炮 其方
元元氐 牛	元心氐 斗		元方巳邠 心毛	方方邠午 牛元	氐毛秋 其虛
元方壬 牛虛	元方丙 斗斗		元角巳辰 心毛	元氐辰 斗其	氐毛二水 其斗

		倉輝分度			
方斗 方斗	方虛 斗虛		其元 氐虛 戌	虛方 氐 辰	方角 元
方心 斗毛 子	方牛 其心 戌		斗心 氐虛	元氐 氐虛	斗虛 元牛 子
方毛 斗毛	方角 斗其			元毛 氐虛 子	其毛 元牛
方毛 斗斗 寅	方方 斗虛 庚	角虛 虛牛 甲		氐方 虛	斗斗 元牛
方其 斗其	方氐 斗毛	方斗 其方		氐方 虛虛 申	牛毛 元牛 卯
方斗 斗斗 辰	方方 斗方 壬	方斗 其其 丙		氐心 虛牛	牛角 元牛 全

牛氐斗氐 辰	方氐斗元	方牛其	窪烽分度	方牛斗	方牛角
氐虛牛方	氐毛斗角 子	心角虛角 戌		方毛牛	方元虛
氐角牛心 午	氐毛斗氐 子	心氐氐元			方元牛

氐元牛心	氐斗斗斗	心方其氐 庚	方其牛斗 甲		方氐牛氐
氐元牛斗 申	氐其斗氐 寅	氐元斗角	方斗牛斗		方氐牛其
氐方牛方	氐其斗毛	氐元斗虛 壬	心虛虛角 丙		方方牛方

					古車卜卦分度	
角元 斗牛	斗虛 方虛	方牛 方虛	虛牛 方虛			氐毛 氐牛
	虛虛 方角 午	方毛 方虛 子	牛心 氐牛 戊			毛方 氐牛
	斗方 角其	氐斗 方虛	方心 虛虛			
	其元 角其 甲	虛角 方心 黃	元方 方元 亥	心其 氐牛 甲		
	牛氐 角牛	毛虛 方元	元虛 方元	斗虛 氐牛		
	角斗 角角 戊	斗心 方虛 辰	角其 方虛 壬	斗方 氐牛 丙		

轉卦分度	元虛其其		角牛牛氐	角牛心	躯元斗	遷轉分度
			元虛元虛 午	角氐才 子	角斗虛 戊	
			元虛角其	角方才	角斗其	
元虛斗牛 甲			元虛氐氐 申	角毛牛虛 魚	角虛牛 庚	角元斗毛 甲
元虛牛心			元虛方元	角心牛其	角虛牛毛	角方斗虛
元虛虛角 方			元虛其氐 丙	元虛虛元 辰	角牛斗牛 壬	角心斗元 丙

元虛角斗	元氐氐氐	元牛氐斗	元毛方虛	觀見	元虛斗心
元角角氐	元方斗子氐	元氐方斗午	越其元牛心	車瓜	元元心牛戌
元元角方	元毛氐氐	元氐方毛	元斗方虛刷	分惠	元元心毛

元氐角心	元心其氐其寅	元方方毛申		元斗方方甲	元氐心其庚
元元氐方	元其氐毛	元毛方方		元斗方其	元方心斗
元方氐虛	元斗氐心辰	元心方心戌		元虛心心丙	元心心心壬

轉卦分度

元氐元其 庚辛	轉卦分度	元元其氐 妨	元其毛方 亥	元氐毛其	元其心
元心元斗 壬癸		元方其虛 丙由	元牛毛斗 瓜	元方毛元 午	元斗牛心 子
元毛元方 子丑		元氐其其 刻凶	元牛毛心 瓢	元毛毛牛	元斗心毛

元其元氐 寅卯	元元元牛 甲乙		元虛其方 勉	元毛毛虛 申	元虛毛方 寅
元斗元牛	元元元毛 丙丁		元角其其 粉	元毛毛毛	元元毛牛
元斗元毛	元方方氐 戊己		元元其虛 衛	元心毛其 戌	元角毛其 辰

	娃	元角午毛 斗	斗 奎	奎 壬	元虛方 氐
角毛氐虛	分	佳斗	元其其心辰拱	元心其角邪拱	元牛元其 未
角其虛元	度	元毛角虛辰	元斗其牛壬	元心其心邪午	元角氐牛
	角氐虛氐 申	元其角氐辰午	元牛其心辰午	元方角氐辰	角角虛方 宏
角斗虛元		元斗角方巳	元牛其斗巳	元心其牛巳	角元虛方巳
角牛虛氐	角方虛氐	元牛角方巳午	元虛斗心巳午	元毛其元午	角氐虛角

單卦剝度	角斗元氐 辰戌	角氐元氐 巳亥	角元角 庚	角元元 壬	角方元氐 子午	單卦分度	心角氐 未	毛角氐 申	其角角 酉	虛角氐 丑	氐角 寅	角方角卯
角元斗角 甲乙				角心元氐 丑未	角牛角氐 甲	角斗角元	氐角角 辰
角元牛心				角毛元元 寅申	角虛元氐 丙	角其方 亥	角方角元 巳
角虛氐氐				角其元元 卯酉	角角元氐 戊		角心角角 午

		荔圭度		荔斗度	
庚壬癸 角氏 角元 氏元	辰戌 巳亥 角毛氏 角其氏	辰戌 巳亥 角元方 方角方		辰戌 巳亥 角斗方 斗方角	
子午 角氏元 氏元		子午 角其氏角	荔	子午 角方氏 方氏	
丑未 角氏方		丑未 角斗氏元		丑未 角氏方 氏	
寅申 角方氏元		寅申 角牛氏氏		寅申 角心氏 方氏	
卯酉 角心氏元		卯酉 角牛氏毛		卯酉 角毛氏 方氏	

加車度	角氐毛氐 巳亥	出車度	觔其心方 壬癸 / 角斗心元 子丑	蘧車度	角元元心 辰戌 / 角方氐心 巳亥	蘧舒度
角方元毛 甲乙		角牛心元 寅申	角氐心氐 甲乙			角牛方方 子午
角心毛氐 丙丁		角虛毛元 寅申	角心心氐 丙丁			角虛心氐 丑未
角牛毛角 戊己		角角毛元 卯酉	角毛心氐 戊己			角角心氐 寅申
角角其元 庚辛		角元毛元 辰戌	角其心元 庚辛			角角心 卯酉

靝度飛政		肇卦分度			壬癸	角其 元元
		毛氏 毛角氏		巳亥 氏角 氏元	子午	角其 氏氏
					丑未	角其 方元
寅 方牛 毛元		氏角 心角	甲 方角 氏角		寅申	角其 心元
方牛 其方					卯酉	氏角 虛氏
方牛 斗牛		氏角 其方	心角 氏氏		辰戌	氏角 元氏

掌中寶鐵板神數

睽掛分度

				睽掛分度	
氐虛 午辰 氐心	氐其 戌卯 氐方	氐毛 辰撷 方方	方角 午寅 虛方		方午心
氐牛 未辰 元元	氐方 亥卯 氐心	氐方 巳卯 方方	方元 未寅 虛斗		方角其毛
氐心 申辰 元毛	氐氐 子卯 氐元	氐氐 午卯 方方	方氐 申寅 心氐		方心心虛

氐心 酉辰 毛	氐元 丑卯 氐心	氐角 未卯 方角	方氐 酉寅 心斗	方虛 卯撷 方心	方角 方毛
氐方 酉辰 元元		氐虛 申卯 方心	方方 戌寅 心心	方虛 辰寅 角毛	方牛 酉 氐毛
氐氐 戌辰 元心	氐角 巳振 氐方	氐斗 酉卯 氐方		方虛 巳寅 角氐	

角其毛　亥酉	角氐方　酉	角虚申牛氐誅　申	角元申虚毛　午	氐氐角方　巳	氐元心　亥辰
角毛其心　子酉	角元斗元　戌申	角牛毛　酉未	角斗牛心　酉午	氐毛方虚　戌巳	氐角元心　子辰
角方其方　亥	角角斗氐　亥申	角牛斗角　戌未	角毛牛心　戌午	氐心虚氐　亥巳	氐牛心　丑辰

角元其心　子戌	角虚斗心　子申	角斗斗心　亥未	角心牛方　亥午	氐氐虚方　子巳	氐斗心角　午把
角虚其元　丑戌	角牛其毛　丑申	角毛斗毛　子未	角方牛角　子午	元斗心　丑巳	氐其角角　未口
角牛毛　子	角斗其心擔　戌	角方心未　丑未	角元牛其　丑午	角角虚毛　未	氐心心角　申巳

元牛心方 子卯	元方其其 午卯	方心氐角 子寅	方其氐 午寅	干支攺卦分度	角斗毛元 丑赶
元虛毛心 丑卯	元元其毛 未卯	方毛氐其 丑寅	斗心其 未寅		
	元牛方方 申卯		方元其心 申寅		

方心斗方 辰	元毛虛心 酉卯	元其其毛 酉卯	方虛元心 酉寅	方其斗元 卯寅
方毛斗元 巳辰	元心虛毛 戌卯	元斗其方 辰卯	方牛角毛 戌寅	方斗氐 辰寅
方方午斗心 午辰	元角角毛 亥卯	元氐其方 巳卯	方元角心 亥寅	方毛牛心 巳寅

氐方戌牛心未	方毛子元心午	方心午心毛未	方牛酉心毛巳	方方丑毛方辰	方元未斗心辰
氐虛亥牛心未	方心丑元方午	方角未心心午	方其戌心毛巳		方毛申其氐辰
氐牛子斗毛未		方角申心元午	方其亥心斗巳	方氐巳毛毛豈	方心酉其氐辰
氐斗丑斗氐未	方方元心	方元酉心心午	方斗子心心巳	方角午毛氐巳	方其戌毛方辰
	方元申元心未	方元戌心元午	方毛丑心心巳	方元未毛心巳	方斗亥毛毛辰
氐元申斗心	氐牛酉牛毛未	方其亥元方午		方虛申毛心巳	方毛子毛心辰

格局分度

氐元 元氐 冬	格局分度	氐角 心方 子亥	氐斗 心元 戌	氐方 其心 酉戌酉	氐角 斗方 酉申
		氐虛 心心 丑亥	氐毛 心心 亥戌	氐元 其元 戌酉	氐虛 斗方 戌申
氐心 元氐 冠			氐方 心心 子戌	氐心 毛方 亥酉	氐牛 其角 亥申
氐毛 元氐 挺冠	氐斗 角氐 春	氐牛 方毛 子丑子	氐氐 心心 丑戌	氐方 毛心 子酉	氐其 其方 子申
氐其 元氐 俥裾	氐牛 角角	氐斗 方方 丑子		氐氐 毛方 丑酉	氐毛 其元 丑申
氐虛 氐氐 魁水布	氐角 元元	氐其 方方 丑昌	氐元 心 方		

方元 其元 冠樂綮	方元 角角 鹂爵免	方角 心元 財魢	氐方 牛方 戈惠	氐方 虚氐 睦冠	氐氐 角元 印靮
方元 斗元 樹妃稅羨	方元 角方 命格清奇	方角 毛氐 天敢	方角 虚方 崎岖	氐方 角方 時肩	氐氐 元元 印冠肆
方元 牛元 朱布	方元 元氐 仆格	方角 心方 申用絶	方角 元 正崎	氐方 元角 冠嶈	氐氐 方角 冠帶

方氐 角氐 鈇樞	方元 方氐 新御	方角 其元 烟樺	方角 元氐 珠數	氐方 氐元 脚晙	氐氐 心氐 羝爺
方氐 角角 瑝昊	方元 心元 璥冠雙羨	方元 虚氐 錄淸	方角 氐元 懗誰	氐方 心元 扞殂	氐氐 毛角 朵制
方氐 元角 鎘嶂	方元 毛氐 嫔焘全	方角 牛方 飾糸	方角 方角 雜柳	氐方 毛角 時貴	氐氐 其元 拇位

氐其異 牛元圭	氐虛聾 牛元瓜	氐角軼 斗元旦	方方卯 方元鞘	方牛旺 氐氐龍	方氐瑝 氐元
氐斗袾 牛元	氐角煜 牛元	氐元衣培 斗氐	方心鴛全 方角	方虛延貴 方元	方方岫 氐元
方虛峨 虛元	氐氐裙 牛氐	氐氐赔 斗元	方其砒合 方氐	方角暎嶹 方角	方心壬 氐方
氐牛趑 牛氐圭	氐方峨 牛元	氐方陪 斗方	方斗釗破 方元	方元暌時 方氐	方毛坤 氐氐
方元佗 虛氐圭	氐心馨士 牛氐	氐斗嗣 斗角	方牛北孝 方角祥	方氐順嶍 方氐	方其憶 氐氐冠
方氐祚 虛角圭	氐毛蠲卅 牛氐	氐牛嘯 斗元	氐虛北圭 斗元	方氐膧延 方角	方斗酐卅 氐元

震巛分度

奎					
		氐心心氐 亥	氐虛心 巳		方心虛方 神
氐氐雕元 斗		氐其心氐 子	角元心 午		方毛方虛 煙
氐心虛角 寅 斗		氐虛毛方 陝圭	元氐心 未		
		氐虛毛角 卯畫	氐氐心 申	方其虛角 寅	
		氐角毛氐 辰寅	方氐心氐 酉	方斗虛才 卯	
		氐氐毛元 巳寅	毛氐心氐 酉	方牛虛元 辰	

邯成陛度		斗坔剗度		躔劃度
		元元氐 虛		
		元毛氐 虛		
		元斗氐尉 虛		
元方甲 角毛		元虛元 角土	元元氐 虛	氐虛角 虛
元毛丙 角氐		元元 角元		元虛氐 虛
元斗元 角				

艮	離	坤	乾		虛氏元元
心角方角金	毛其角氐金	心角虛氐金	心虛虛氐金		
心牛氐氐	毛毛角其	心心虛角	心元虛元		
心心氐元	毛心角虛	心其虛方	心方虛氐		
心氐氐氐	毛角角其	心氐虛方	心毛虛氐		
心角元元	毛其虛其	心虛角氐	心斗虛元		

方乙　辰
己其合戊牛　先
元己　壬心　毛乙毛牛　平
壬方　辛心

丙乙　反
方乙壬毛　辰
癸牛　癸合　歲　此
辛方　元丙　少

氏合
辛其　癸毛
癸斗　庚方
辛方　元

庚牛　斗
癸合　毛牛
角合
合牛　方丁

氏合
壬民
庚毛
方丁
心氏合
心丙合　天

壬其　火
辛牛　辛　庚牛　志
辛毛　方丁
心氏合
心丙合

山合
癸心
癸合
癸辛
心庚
已元
已埃

已合
丙午
癸元
癸辛
合牛
辛氐
壬牛
辛合

其
癸合
癸方
癸毛
辛合
辛元
戊牛
辛其

庚毛牛
庚心
庚方
壬方
壬毛元
壬氐

合其災
巳元　乙山黄
巳角　心癸合一杏
　　　癸其合羊事
　　　癸戌半羊合
　　　角戌癸合才

合合苦　合羊選
壬方　　　合羊皓　壬牛
　　　　　　　　　壬乙　合牛孝
　　　　　　　　　　　　庚牛　　苦
　　　　　　　　　　　　庚羊斗乙山切
　　　　　　　　　　　　　　　庚羊合山

一刀☐臨身急宜☐

数定命註兄弟八人內失五丁

丙途文雄入為水老銳紹書香

数定命註娶親不用三才六礼

毋出嫁兄弟六人內失五丁

数定戊途駕鴦折散鴛鳳分開

数定兄弟十二人內失五丁今第一刻生

数定命有☐子　寅時下四刻生

一　數定命有三子亥時上四列全

廿三　父母在堂申時第三刻生

廿二　數定亥途有孝服之悲

廿一　戌延今時洋水他日青雲

廿　父母在堂子時第三刻生

廿九　母出嫁兄弟七人內失五丁

廿八　時真數定命合一胎生三子

廿七　數定兄弟十一內失五丁合第三刻生

廿六　時真數定兄弟七人內失五丁

廿五　數定兄弟十三內先九丁令第四刻生

亥運勉驅初翻步青雲更有梯

父死母在堂巳時萬四刻生

用運數定師表峻成均之堂

數定命有六子寅時上四刻生

武吉磯崇出常南太公下釣水成冰

時真數定母命丁亥生

數定兄弟二人失一丁合第二刻生

時真數定命合兩母庶母先死

丁運鸞鳳接派影鴛枕冷羊床

數定兄弟十八內失九丁合第五刻生

数定命有二子戌時下四刻生

父母在堂申時萬五刻生

丙逢名登國學望著成均

数定双生兄弟二兄死弟成

雲暗不知天早晚雪深难步路高低

時真数定妻配壬戌生

数定母命犯什煞子息难居

数定兄弟七內失五丁合第八刻生

母先死父後亡亥時第六刻生

二月天朗氣象

時真數定兄弟六人內失五丁

父死母在堂亥時第六刻生

數定冲犯欄胎白虎子必難居 急宜徐禳

數定命有六子丑時下四刻生

時真數定命合兩腳不齊全

瑞草逢春花不發臘梅偏向雪中開

丙逢辰紅鑭綠髮楚南温紅粧

數定兄弟九人內失五丁合第一刻生

時真數定命合七个母

數定兄弟十三人內失五丁合第五刻生

山 数定命有二子戌時四刻生

川 母死父在堂巳時第一刻生

川 庚延儒林祭酒國孝堪謗

以 時真数定一胎双生一陰一陽

屮 莫道小溪流易过思防君正跌君行

比 時真数定母命巳外生

比 数定兄弟九人内失五丁今第四刻生

屯 時真数定命带咸池隨妻走

攷 早子难養咸何須問早子

計 父母俱亡子時第八刻生

义先死世後亡巳時第一刻生

戊逄数定廣文博士品重名揚

数定命有六子丑時上四刻生

荆棘林中休進步獨木橋上遇强人

時真数定妻配辛酉生

犯欄胎白鶴童子過月不生宜禳

数定兄弟二人内失丁合第一刻生

数定乙逄衾冷蘭房之苦

数定兄弟十三内失五丁合第六刻生

邵子数定時真命合六个毋

刘 ○ 時真數定酉途居

刘 ○ 父死母在堂長時弟一

刘 ○ 子延名國季增章益

以 ○ 時真數定甲途夫故斯徐

姑 ○ 命神犯白鶴求子急宜祭禳

扯 ○ 正想好琴彈一點誰知斷線不成音

扯 ○ 時真數定母命丁丑生

姑 ○ 數定命註兄弟七人合第一刻生

故 ○ 數定命有六子子時下四刻生

午 ○ 數定兄弟十八內失十七合第七刻生

一、數定命有三子酉時上四刻生

二、父母在堂未時第七刻生

三、丑途廣文博士國孑之稱

四、時真數定双生兄弟二人

五、母命鷄猪牛合第七刻生

六、時真數定亥途逆母故斯進

七、數定兄弟十六內癸五丁合第一刻生

八、邵子數定時真命合五个母

九、中饋典贖不愧女宗之首

十、父先死母後亡申時第五刻生

午

一〇　時真数定母命丙子生

二〇　寅延名標國子望著成均

三〇　時真数定命合四个母

以〇　邓延望蕫成鈞通經奪席

山〇　数定兄弟六丙矣丁合弟八刻生

二〇　父母在堂未時弟六刻生

二〇　数定命有六子時上四刻生

三〇　時真数定命合一生需疾需難勉

攵〇　数定兄弟八丙矣六丁合弟三刻生

廿〇　時真数定戊延母命魂歸陰府

数定命有二子申時下四刻生

数定命帶天空結子煞宜禳之

邠子数定申延孝服之悲

母死父在堂外時第七刻生

数定命註兄弟六人合第八刻生

時真数定命合不智不愚也

時真数定兄弟十八内尖四丁

勇冠三軍李克用抱獨目之眼

目今有四子後凑一兒

母先死父後亡亥時第五刻生

父母在堂酉時第一刻生

時真數定未延有孝服臨門

辰延名登國孝儒林祭酒

時真數定酉延毋故斯延

時真數定缺耳父毋生成

華容道上逢關羽赤壁江中遇周郎

時真數定毋命乙亥生

數定兄弟十八內癸五丁合弟之刻生

數定命有五子亥時下四刻生

數定兄弟十八內癸七丁合弟一刻生

数定命有三子申時上四刻生

巳途名標國子三世國師

戌時第二刻父母在堂

時真數定夫妻有碍早子难居

鳥宿林中防暗箭魚遊大海帕長鈎

時真數定兄弟九人內失四丁

數定兄弟十人內失五丁合第八刻生

邵子數定時真命合三个母

抓舟逢巨海枯木遇冰霜

父先死母後亡末時第八刻生

午途名登國孚廣文博士

時真數定兄弟八人內失四丁

未途名標國孚望著成均

父母在堂戌時萬第二刻生

數定命有五子亥時上四刻生

莫道喜鵲簷前噪只恐烏鴉屋後鳴

數定命註兄弟六人合第七刻生

數定申途母命歸陰府

數定兄弟八人內失守合第二刻生

數定午途有孝服之悲

数定命有三子未時下四刻生

父母俱亡丑時第八刻生

申運五經掃地國李文稱

時真數定命合一妻二妾

逢甲走馬須防阱野外飛禽可彎弓

時真數定母命戊寅生

數定兄弟十人內失三丁合第四刻生

數定命有兩母庶母生我

今日未見子後有四兒

父母在堂申時第四刻生

一〇二

❀ 西遞通經奪席國子之稱

時真數定兄弟七人內失四丁

母死父在堂邻時萬八刻生

❀ 亥遞望著成均三世國師

數定時真命合重妻

正好登樓觀晤月要端却被禮堂遮

❀ 時真數定父命平酉生

數定命詿兄弟十三人合萬八刻生

數定命有五子戌時下四刻生

❀ 數定兄弟十一內失六丁合萬四刻生

甲 數定命有二子未時上四刻生

乙 戊逆國子之稱儒林祭酒

丙 母死父在堂巳時第二刻生

以 數定弟兄之子必異其生

誌 雲鎖嬋娟秋寂寞風吹桃李夜凋墨

此 時真數定未途母啟斯途

此 數定兄弟八人內失三丁合第二刻生

此 時真數定父死母出嫁

此 身上有暗悲非是破格人

半
計 父先死母後亡未時第七刻生

刘〇父母俱亡丑時第五刻生

刘〇時真数定只恐母根秀不成

刘〇男延鹿鳴賦宴載嘉賓

刘〇時真数定午延母命难逃

刘〇馬瘦刀微仔負重誰知蜀道似羊腸

刘〇時真数定巳延有居喪之日

刘〇母死父在堂長時第五刻生

刘〇数定兄弟六八内失丁命第六刻生

効〇数定妻遲今未娶晚子一枝

一〇 時真數定夫長五十春

二〇 數定此子奧根难養成人

三〇 丙丁途青雲欣有步雁塔喜題名

四〇 數定命有三子午時下四刻生

五〇 破釜驚魂夜闌行船只怕對頭風

六〇 父母在堂子時第四刻生

七〇 數定兄弟九人失五丁合第三刻生

八〇 數定命有前母後母生我

九〇 數定兄弟十二内失十一合第八刻生

十〇 時真數定母命乙酉生

一〇　庚辛運志遂凌雲登名黄榜

二　時真數定妻配庚申生

三　戊巳運蟾宮折桂鴈塔題名

以　數定辰運有孝服臨門

一八　父母在堂午時第三刻生

廿　木雕老虎當門之雖不傷人兄一驚

一二　數定命有五子戌時上四刻生

信　數定兄弟六人内失二丁合第之刻生

一又　時真數定巳運母故斯運

廿　數定兄弟十人内失十丁合第二刻生

数定命有三子午時上四刻生

壬癸鵬程舊里志騰雲路雁塔題名結杏紅

母死父在堂巳時弟四刻生

時真数定生平惟推測难通

可恨濃雲迷晈月無端猛雨摧嬌花

時真数定夫長四九春

数定兄弟十八人內尖三丁合第八刻生

数定命有後母前母生我

不讀詩書還有頂戴

父先死母後亡未時弟六刻生

雲橋奈嶺家何在雪擁藍關馬不前

〇一

　　数定命有五子酉時下八刻生

〇一

　　巳亥逄青雲得路鄉榜題名

〇一

　　毋死父在堂長時第六刻生

〇一

　　時真数定命合生成十一指

〇一

　　数定命詫兄弟二人合第八刻生

〇一

　　時真数定外途有孝服之悲

〇一

　　時真数定夫長四十八春

〇一

　　時真数定命合妻配巳未生

〇一

　　時真数定命合生成十一指

〇一

　　数定兄弟十人内失十丁合第三刻生

数定命有二子巳時下四刻生

母死父在堂巳時苐三刻生

子午運足步雲梯名題雁塔

時真数定命合兩毌下四刻生

孔明有心祈北斗魏延無意滅壽灯

数定長途毌命有峀屺之悲

数定兄弟九內笑四丁合苐五刻生

数定玉人金石可勉刑傷

意欲高榮心懷進步

毌先死父後亡戌時萬八刻生

母命猪兔羊合第八刻生

数定遲娶妻今未娶子有两枝

耕運直上青雲生羽翼縱横逸氣走風雷

時真数定父命庚申生

父母在堂未時第二刻生

父母在堂申時第一刻生

時真数定夫長四十七春

数定兄弟四人内夹三丁合第四刻生

時真数定寅逢斯逢居喪

数定命註我母遭槍打而亡

数定命有二子巳時上四刻生

宜申姓名題雁塔足步上青天

時真数定郊迸母故斯迸

蜻蜓飛入蜘蛛網若不傷身三二驚

時真数定命合兩母上四刻生

数定兄弟十人內失三丁含第五刻生

母死父在堂長時弟七刻生

数定命合有十二指出世

雖是女子半似男人

時真数定兄弟六人內失四丁

母死父在堂長時第八刻生

邳酉逢青雲得路雁塔題名

⊙數定命有五子酉時上四刻生

⊙鏡臺塵擁光明少方許重磨舊新

⊙時真數定命合父命已未生

⊙數定命註兄弟九人合第三刻生

⊙時真數定胎應過月所生

⊙時真數定夫長四十六春

⊙時真數定丑逢藜菽義之嘆

数定命有二子長時下四刻生

母死父在堂午時弟一刻生

長戌途名題雁塔足步青雲

数定命合重妻子有一枝

夜雨棗時屋漏苦狂風不動惱心

時真数定命合長子屬寅生

数定兄弟八人內夭五丁合弟七刻生

邵子数定時真命合重母

八月連日生財

母先死父後亡戌時弟六刻生

刘　甲庚金榜題名日皇都得意回、

刘　父先死母後亡未時第五刻生

刘　鴈宿星飛驚彈打馬行險處悲鞭施

双　数定命有五子申時下四刻生

效　丙丁延提登黃甲春榜題名

处　時真数定命合天長四十五春

处　数定兄弟十六內失四丁合第三刻生

处　数定命合双生男女男死女成

双　数定兄弟八內失六丁合第二刻生

半　母死父在堂巳時第五刻生

掌中寶鐵板神數

一 ◯ 數定命有二子辰時上四刻生

二 ◯ 數定命合子年有孝服臨門

三 ◯ 戊巳延唇榜題名瓊林赴宴

四 ◯ 時真數定命合長子巳丑生

五 ◯ 馬過高山防陷阻舟行浪裡怕風波

六 ◯ 時真數定命合此子重舌

七 ◯ 時真數定寅延母故斯迍

八 ◯ 數定兄弟九人內尖五十合第二刻生

九 ◯ 父死母在堂長時第四刻生

十 ◯ 六月財喜齊來

一一五

一　父母在堂午時第四刻生

二　時真數定命合子死屬土年

三　庚辛途名題春榜日馬上錦衣回

〇　數定命有二子夘時上四刻生

十　時真數定落地便啼有隼

山　正好登山遊玩月忽遭陰雨阻前程

二　數定丑途母命有崎嶇之悲

三　數定兄弟八人尖五丁合第八刻生

〇　數定命有五子申時上四刻生

廿　數定兄弟十八內尖六丁合第三刻生

数定命有二子卯時下四刻生

辛酉途利市襖衫抛紫袍風流名字寫紅箋

父死毋在堂巳時第一刻生

数定命合停啼數日以後發聲

堂前高掛蜘蛛網唧唧蜻蜓仔細飛

時真数定兄弟第五人內尖四丁

数定兄弟第九人尖五丁合第二刻生

時真数定命合双生兄弟俱貴

命中有暗箭興察難養成

時真数定命合長子戊子生

父母在堂未時莫二刻生

子午逢早折蟾宮桂今簪御苑花

數定命有五子未時下四刻生

丹逵兽争魁甲虎榜文章奪錦鳳凰池

時真數定命合長子丁亥生

此運休貪他人馬流限恐失自家牛

數定時真天命合重妻三兒

數定兄弟九人內失二丁合第三刻生

母先死父後二戌時第七刻生

數定兄第十二內失七丁合第四刻生

数定命註双胎陽成陰死

寅申迷雲迢風虎喜提聯登

時真數定子延母命难逃

時真數定旁中有穿婦在内

石崇有意謀金屋諧遇與心震草廬

数定命有二子寅時下四刻生

数定兄弟四人内失三丁合弟八刻生

父母在堂未時弟五刻生

数定命合兄弟十人内失三丁

身上有暗痣將来大富人

〇 父母在堂長時第七刻生

〇 邪酉逢提登黃甲瓊林佳會

〇 數定命有二子寅時上四刻生

〇 千江有水千江月萬里無雲一色天

〇 時真數定命合子死屬火年

〇 父母俱亡五時第六刻生

〇 邵子數定時真身中有暗記

〇 數定命註兄弟九八合第四刻生

〇 時真數定癸逢母命歸魂陰府

〇 數定命註我母遭勞傷見血而亡

時真数定若有重妻子有二枝

長成逐天子重英豪文章教以曹

時真数定兄弟九人内失三丁

父死母在堂巳時第二刻生

對鏡梳粧人不語停梭心内意良人

数定命有五子未時上四刻生

今日未見子後育三兒

時真数定根基堅固保養威丁

時真数定命合長子丙戌生

妻非申酉戌难全到老

○時真數定子年遂身遊泮水

圳時真數定主途母故斯途

圳巳亥逢此日初登第皇都得意回

圳父死母在堂巳時第三刻生

圳時真數定命合子死屬水年

圳數定兄弟五內失三丁合第五刻生

圳時真數定命合天長四十四歲

圳數定兄弟十一內失四丁合第八刻生

圳時真數定命合重妻子有四枝

圳數定五年內必損妻

父母在堂午時第七刻生

時真數定五未遙採芹遊洋

數定命有二子丑時下四刻生

畫虎不驚牆下犬竹雞催報五更天

時真數定命有四乳

時真數定命合長子甲申生

數定兄弟九人內失四丁合第六刻生

命一双玉臂千人枕半点朱唇万客嘗

五月合月祥光

父母俱亡五時第七刻生

一〇　父母在堂丑時第二刻生

二〇　數定命合前妻六子後妻二兒

三〇　數定命遭毒蛇口咬而亡

四〇　時真數定命合妻配小二春

五〇　休貪餓虎身逸西莫取眠龍弄珠

六〇　數定命詫四殺四冏煞時煞而亡

七〇　父母在堂丑時第二刻生

八〇　數定兄弟十二人癸三人合第四刻生

九〇　數定命合妻遅屬上子朴三枝

十　二月生財大道

一　毋先死父後亡申時弟五刻生

二　時真數定辰戌途洋水生香

三　時真數定命合四子一子是蜈蛉

四　魚游淺水須防欄鳥宿深山忌泊蛇

五　時真數定命合妻長六春

六　逢事三思不耕不讀候終身

七　數定命註兄弟五內合第二刻生

八　數定命合妻死屬金命中三子

九　數定兄弟十二內失六丁合第六刻生

廿　父母在堂五時弟三刻生

數定命合前妻六子後妻一兒

數定一生慷慨忠厚傳家吉

接天連葉與窮碧瞞且荷花別樣紅

時真數定命合义命甲寅生

數定兄弟十二內夭三丁合第五刻生

時真數定命合羊刑之症亡

時真數定命合妻配小七春

九月大驚為小恐

數定分度陰陽界差池見後天

父母在堂五時第四刻生

世死父在堂亥時第五刻生

數定命合三子一子是螟蛉

時直數定丑未逐青雲有路

數定桃花滾浪女妓之流

母命〻 鼠龍合弟八刻生

時真數定命註母命丁未生

數定命註兄弟十三八合弟七刻生

數定命合夫妻興緣隨別人

妻非未申戌难全到老

父母在堂巳時萬三刻生

時真數定巳亥遊身遊泮水

母死父在堂五時第六刻生

子午印綬相隨官高極品

數定命合前妻五子後妻十一兒

山前山後皆明月江北江南總是春

時真數定命合妻長五春

數定兄弟十六內矢五丁合第二刻生

時真數定命註先姦後娶

勞碌二度流年巳得安閒日文科

父母供亡長時第六刻生

時真數定命合兄弟八人

父先死母後亡寅時第四刻生

時真數定寅申途蟾宮折桂

數定命合二子二子是螟蛉

五色祥雲生小舍團和氣繞家庭

數定志節貞舟心同金石之性

數定兄弟四人失二丁合第五刻生

時真數定命合母命丙午生

數定兄弟十六內失七丁合第三刻生

數定命合一生豪傑為人誼重

〇 数定命合前妻五子後妻十兒

〇 毋死父在堂子時萬第五刻生

〇 時真數定卯酉延瀛卅独步

〇 數定命合一半為男一半為女

〇 不意之中生彩鳳慶芯之慶償先輝

〇 時真数定命合妻配丁巳生

〇 数定兄弟六人失二合第一刻生

〇 数定命合步戌止齊百夫之長

謹守三從之訓名可播傳

毋先死父後亡申時第六刻生

数定命合兄弟多不得只得七人

父先死母後亡（寅）時弟三刻生

時真数定長戌連鴈塔題名

数定時真命合東敢于齊

数定命合一生忠厚寸言直人多反怪

泰璉賣馬達良冬下庄打虎遇强人

時真数定命合父命癸丑生

数定命註兄弟七人合第四刻生

数定命合氷霜節操壺範堪誇

数定兄弟十八人內夹七丁合第二刻生

○數定命合前妻五子後妻九兒

○母死父在堂子時第六刻生

○木牛難飲三春草紙馬難行萬里途

改　時真數定巳亥逢春榜題名

○時真數定命合妻長四春

注　三月黃花開得地九秋金菊正當時

注　時真數定命合作于天之長

注　平日交遊常竹友盈君水處還君多

改　母先死父後亡申時萬七刻生

半斗　數定兄弟五人癸三丁合第六刻生

〇時真數定命合兄弟七人

〇父先死母後亡長時弟八刻生

〇數定已入仙臺去灵魂至九泉

〇時真數定子午途春榜題名

〇時真數定命合目下必定損子

〇數定命註兄弟七人合第二刻生

〇數定命註心益正直待人不足

〇時真數定命合母命乙巳生

〇數定兄弟十人內奕七丁合第八刻生

〇數定命註高人欽仰小輩妒嫌

一○　數定命合前妻五子後妻八兒

二○　父母在堂丑時第五刻生

三○　時直數定丑未遲提登黃甲

四○　時直數定命合妻長三春

五○　三春楊柳枝枝秀二月桃花朵朵鮮

六○　數定命註外家無靠六親墨落

七　　正月未敢言佳

八○　母死父在堂子時第七刻生

九○　數定兄弟六父內夾三丁合第七刻生

羊十○　文遊訪友命註恩則反仇

一、時真數定邓甹途春榜題名

二、數定命註兄弟多不得呂得之人

三、時真數定寅申延瓊林賜宴

四、母命豬兔羊合弟七刻生

五、數定苦心連老生子老輂自明珠

六、數定命註兄弟十二人合第二刻生

七、父母在堂五時第六刻生

八、時真數定命合母命甲辰生

九、數定五年內必損子

十、魂歸陰府總几載巳入仙臺有數年

数定命合前畫　　　　　　六兒

母死父在堂亥時第四刻生

時真数定巳亥逢春榜題名

数定壽元卅二歲一夢黃泉

花遇暘春增秀色人逢美景更精神

時真数定命合母命癸卯生

数定兄弟八人內尖四十合第三刻生

数定壽元卅四歲魂歸陰府

前妻三子後妻無兒

母先死父後亡申時第八刻生

数定命合兄弟多不得只得五人

母死父在堂亥時弟七刻生

丙子觀光好逢風雲志者蹊危露雨膏

時真数定命裡帶易神宣是頭人

母命猴鼠龍合弟七刻生

数定命註才疏謟重為人無私

時真数定命合妻配甲寅生

数定命註兄弟七人合第三刻生

数定命註三十五歲後會佳期

数定兄弟十二內失个合第五刻生

母死父在堂亥時第八刻生

庚辛逢窗前讀書高卷門釣巨鼇

時真數定命合兄弟五人

奏秦北京南京勳業黎元引領望施

數定命有七子午時上四刻生

數定兄弟四人內失三丁合第五刻生

時真數定命合父命庚戌生

數定兄弟八人內失三丁合第一刻生

數定時真命合過房子拳暮年

數定命合前妻五子後妻四兒

時真數定子午逢二李而優則仕

母死父在堂丑時第七刻生

數定壽元兀七八歲夢入南柯

數定兄弟十三人內失三丁合第七刻生

時真數命註夫長九唇

數定命註待人不足將恩反仇

數定兄弟四人內失二丁合第六刻生

母先死父後亡酉時第六刻生

正月一事兩得

父母俱亡申時第四刻生

刘

時真數定丑未逆君命召則仕

刘

予多縮地羊脹險且看行空馬是勞

刘

時真數定合妻配癸丑生

双

數定命註無心耕讀有心變遊

始

數定命註兄弟十四人合第一刻生

社

數定命註閏年天賜麟兒

狂

母死父在堂五時第八刻生

狂

幼出閨門承他家為女反作媳

双

數定命註人多慷慨四海交遊

守

一　数定命合前妻五子後妻三兒

二　⊙時真数定寅申途斯途出仕

三　時真数定命合妻配小六春

四　◉合包聰明慧全平手藝精

五　癸日奇花開錦繡宵天歌管燦樓臺

六　母死父在堂寅時第五刻生

七　◉数定兄弟八內失三丁合弟八刻生

八　数定命有七子外時上四刻生

九　命中五母生我五娘

十　時真数足命合母命壬寅生

一　母先死父終〔　　〕時弟七刻生

二　時真數定邪酉崟為民之父母

三　數定命有七子寅時下四刻生

以　名園桃李花爭吐庭物芝蘭味自香

18　時真數定命合天長八春

山　數定一生命合貿易經商

信　數定合註兄弟八合第七刻生

信　數定命註雖然有子儼似無兒

以　數定兄弟八人尖七合第八刻生

廿　母死父在堂寅時第六刻生

一　⬤　時真數定命合兄弟四人

二　⬤　父先死母後亡長時第六刻生

三　⬤　時真數定巳亥運可以仕則仕

四　⬤　數定時真命合�,子庶子送終

五　⬤　數定命註志足灵謀机关深達

六　⬤　滕下麒麟丹彩鳳分明才子兩相宜

七　⬤　時真數定命合毋命辛五生

八　⬤　數定兄弟八个內笑三丁合第二刻生

九　⬤　數定命註四十五歲外總咏閒雅

數定命合前妻五子後妻一兒

甲山途數定入仕羅雄旗載道

父母在堂寅時第七刻生

數定命註為人一世忠田好心輕

困龍得雨騰霄漢猛虎乘風展爪牙

時真數定命註妻長七春

數定兄弟九八内失三丁合第一刻生

數定命有七子寅時上四刻生

命有三母生我前娘

父母俱亡申時第三刻生

桃李芳引

数定命合兄弟多不得只得三人

丙丁連治邑鳴琴官居陛城

父母在堂寅時弟八刻生

数定命註蚖蛉子螺蠃瓻之

数定命註兄弟九人合第五刻生

数定命註心田留子孫後福綿長

時真数定命合妻配壬子生

数定兄弟十二人內夫十一合第二刻生

遠則人相敬近則个个相欺

桃李芳剂

数定命合兄弟多不得只得三人

丙丁迚治邑鳴琴官居陞城

父母在堂寅時弟八刻生

数定命註蚨蛉子螺蠃蝜之

数定命註兄弟九人合第五刻生

数定命註心田留子孫後福綿長

時真数定命合妻配壬子生

数定兄弟十二內尖十丁合第二刻生

遠則人相敬近則个个相欺

数定命合前妻四子後妻十兒

嫩花不禁三月兩柔枝正吐几艷花

数定命有七子五時下四刻生

父死母在堂五時弟三刻生

時直数定命合非耕非讀

数定兄弟七人内笑四丁合第五刻生

時直数定命註母先死父肖虎

数定命註祖業不得自手成家

三月主有破財

父母俱亡長時弟五刻生

母先死父後亡□□□亥生

数定命註人有心田必有後福

肯向芸窓勤書史何愁金榜不標名

時直数定命合母命庚子生

数定命合出祖商業自成家業

龍門跳出千層浪月桂高攀第一枝

数定命有七子五時上四刻生

数定兄弟十二肉突十二丁合第一刻生

時直六数定命中兄弟第三人

父死母在堂丑時萬四刻生

時真數定命遭跛死而亡

母出嫁兄弟十二人內失十一丁

時真數定命合妻配小五春

時真數定命遭食壽草而亡

數定兄弟八人內失四丁合第四刻生

時真數定命註母先死父首鼠

父先死母在堂寅時第二刻生

數定命註沐雨櫛風半世奔波

兄弟一人多者必尅

數定命註前妻四子後妻

列　　数定命註兄弟多不得呂得二人

列　　父先死母後亡長時第五刻生

以　　母出嫁兄弟十八内失十丁

姑　　時真数定命合毋男倚女

处　　数定兄弟八人内失二丁合第三刻生

𡚲　　数定命合出祖離鄉近貴人

𡚲　　時真数定命合妻配辛亥生

奴　　時真数定命該他鄉而亡

牢　　数定兄弟十八内失九丁合第二刻生

一、數定命註前妻四子後妻八兒

二、母出嫁兄弟十二人內失九丁

三、數定命有七子子時上四刻生

四、數定一妻難到老二妻到暮年

五、父死母在堂寅時第一刻生

六、數定時真命合母先死父肖牛

七、數定兄弟九人內失三丁合第二刻生

八、數定二妻難到老三妻到暮年

九、四月事多得利

十、父母倶亡酉時第二刻生

一　　数定命註魚水昵來才豊豪觀

二　　庚辛遂弦歌雅化荣高陞

三　　父先死母後亡邪時弟八刻生

以　　妻命虎馬犬合第二刻生

18　　時真数定命合妻配尚春

山　　時真数定命遭中風之数

乜　　数定兄弟九人内尖三丁合第一刻生

拉　　時真数定命合妻配庚戌生

乜　　数定兄弟八人内尖七丁合第七刻生

廿　　数定命註出祖離鄉多人愛

數定命註前妻五子後妻七兒

壬癸運榮仕登仕指日高陞

母死父在堂寅時第八刻生

時真數定命合三獻遲後福

母出嫁兄弟十人內失九丁

時真數定命註父先死母肖猪

數定兄弟十三人內失三丁合第八刻生

數定命有六子亥時下四刻生

能知四德之才賢堪廣著

時真數定命合母命已亥生

数定命詩自己出世在外诗

父死母在堂寅時弟三刻生

子午遇治民扶社稷之功

数定命有六子未時下四刻生

長子命猪鬼羊合弟六刻生

時真数定命合母命戌生

数定兄第九人內尖二丁合弟五刻生

時真数定命合左妻右妾

数定兄弟主內尖九丁合第一刻生

母先死父後亡戌時弟五刻生

数定命合前妻四子後妻六兒

丑未逢印綬逢官早沾雨露

時真数定命合妻配小三唇

母出嫁兄弟十八內失九丁

数定三妻四妻不到老五妻到暮年

妻非午未申難全到老

母死父在堂郊時第五剋生

時真数定命合六親不得力

数定命註兄弟十人合第一

時真数定命合兒

時真数定命詿前と

寅申遶弦歌雅化指日高

時真数定命合母命丁酉生

妻命猪兔羊合第二刻生

数定命有六子長時上四刻生

数定兄弟七人癸丁合第一刻生

時真数定命合配妻小二春

数定命合惟勤惟儉創業守成

毌死父在堂外時第六刻生

時真數定命有三子二子送終

父先死母在堂辰時第五刻生

妻命虎馬犬合第六刻生

數定四妻五妻不到老六妻到暮年

母出嫁兄弟十二人內夭八丁

時真數定命詿兄弟娶司馬牛

十月洋洋得意

時真數定命遭凶人手下而亡

數定兄弟六人內夭三丁合第八刻生

時真數定命合父命戊申生

父先死母後己酉時萬三刻生

申途步到崎嶇方知不易行

時真數定兄弟一人多不得刀

長子命猪兔羊人合第五刻生

數定命有五子五時上四刻生

母出嫁兄弟十人內夭八丁

時真數定命合父命丁未生

數定兄弟十人內夭三丁合第六刻生

數定命註金石首婚定魁

數定兄弟十人內夭九丁合第八刻生

数定命有五子三子送終

長子命猪兔羊合萬四刻生

父先死母後亡酉時苐二刻生

未逢秋深蚕語于春暮子規啼

母出嫁兄弟九人內失八丁

数命註前夫無子後夫四兒

命有三母生我二娘

時真数定命註重妻也

数定兄弟七人內失三丁今苐一刻生

父母俱亡申時苐二刻生

刘　父先死母後亡申時苐四刻生

刘　數定命合兄弟胎數定居苐十

刘　酉逞船到長江處狂風浪不平

双　長子命猴鼠龍合苐六刻生

姑　數定命有五子子時下四刻生

处　母出嫁兄弟十二人內失七丁

姑　時真數定命註父命內生

姑　數定兄弟八內失三丁合苐七刻生

双　數定命註迅雷風烈數遭此厄

宰

一　數定命中四子送終二兒

二　父死母在堂長時弟六刻生

三　妻命猴鼠龍合弟三刻生

四　數定妻又妻命中註定三个妻

五　母出嫁兄弟十八內尖六丁

六　數定命註前夫無子後夫三兒

七　數定兄弟十大內尖九丁合弟七刻生

八　數定命註大數終于高樹下

九　數定兄弟七內尖三丁合弟二刻生

十　母先死父後亡寅時弟七刻生

一　○妻命猪兔羊合弟八刻生

二　○数定命註兄弟胎数定居九

三　○母出嫁兄弟十人内失七丁

以　○父母在堂末時弟四刻生

岀　○数定兄弟六内失四丁合弟一刻生

山　○数定命有五子子時上四刻生

匕　○長子命猴鼠龍合弟七刻生

泜　○戌延秋月濃雲蔽朦朧樹影遮

攺　○時真数定命合夫命甲子生

廿

一 ◉ 数定命有八子送老無兒

二 ◉ 母死父在堂酉時萬四刻生

三 ◉ 母出嫁兄弟八人內失六丁

四 ◉ 時直数定命註目下夭故斯途

五 ◉ 数定兄弟七人內失四丁合第七刻生

六 ◉ 数定辛途事齊平事楚手

七 ◉ 時直数定命合父命甲長生

八 ◉ 口是心非平生忠厚

九 ◉ 庚途数定月暗轅門迴霜高

十 ◉ 父母俱亡未時萬四刻生

一、父死母在堂午時第七刻生

二、時真數定兄弟胎數定居四

三、命註洞房雙喜鵲王桃兩鴛鴦

四、數定命有四子酉時下四刻生

五、癸途長江搖不足棲鵁屢相驚

六、父命勇官三軍李克用把獨自之眼

七、時真數定命合母命庚申生

八、數定命註兄弟十八合第七刻生

九、時真數定命註重妻也

廿、數定兄弟丙丁合第二刻生

数定命中七子送老無兒

母先死父後亡寅時弟五刻生

妻命蛇鷄牛合第二刻生

時直数定命註招夫上門之命

今生六子尅三留三

数定命註前妻無子後妻六兒

母出嫁兄弟十二人内失五丁

時直数定命註招夫養子

数定兄弟十二内失四丁合第二刻生

父母在堂申時弟二刻生

夫命虎馬犬合第八刻生

數定命註兄弟胎數定居三

父先死母在堂未時第三刻生

時真數定子延喜怒哀樂

數定命註母命缺耳之疾

數定命有四子酉時上四刻生

數定兄弟十二合內尖三丁合第五刻生

數定命註八字金石刑夫再嫁

數定兄弟十八內尖八丁合第二刻生

父母俱亡午時第六刻生

毌出嫁兄弟十八人內失五丁

数定命註前妻典子後妻五兒

数定兄弟六人內失五丁合第二刻生

丑逢雨溺苑枝垂溪風揽寒潭水皺眉

時真数定命有六子送老無兒

堂前本日親闈女戀父嫁我作填房

父先死母後亡未時苐四刻生

時真数定命註落水而亡

妻命猴鼠龍合苐七刻生

時真数定命合文命巳亥生

数定命合兄弟胎数定居二

父先死母後亡申時第一刻生

母出嫁兄弟十八內先五丁

時真数定命遭父劫而亡

数定命有四子申時下四刻生

数定兄弟十六內失二丁合第六刻生

数定外還如水益深父大益熱

時真数定命合母命已未生

数定兄弟十八內失八个合第五刻生

時真数定蛍逢災必遂夫身

數定命有五子送老無兒

父母在堂外時第三刻生

妻命猴鼠龍合第八刻生

時真數定命註桃折李合局

母出嫁兄弟九人內失五丁

父母在堂末時第三刻生

數定兄弟十二內失四丁合第二刻生

數定一夫不到老二夫會佳期

今生七子尅四留三

時真數定命合夫長十三春

註

時真數定命合母氏戊午生

妻命猪兒羊合第七刻生

註

時真數定命合子乃缺口之疾

父母在堂邜時第四刻生

註

數定此是楊州之子不成人

註

數定母命壺生註彎胕之疾

註

時真數定命合兄弟定居長

註

數定兄弟十二人內失三人合第一刻生

註

數定命有四子申時上四刻生

刋　母先死父後云五時弟八刻生

刋　妻命豬兔羊合第三刻生

议　數定二夫不到老三夫到暮年

议　母出嫁兄弟八人內失五丁

汕　時真數定命註夫長西春

註　數定兄弟七人內失五丁合第三刻生

註　數定命註子逼毒蛇咬而亡

议　作事□□□

罕刘　父母在堂長時□□□刻生

一